《突发事件应急预案管理办法》
解　读

詹承豫　主编

应 急 管 理 出 版 社
·北　京·

图书在版编目（CIP）数据

《突发事件应急预案管理办法》解读／詹承豫主编. 北京：应急管理出版社，2024．－－ISBN 978-7-5237-0613-8

Ⅰ．D922.145

中国国家版本馆 CIP 数据核字第 2024D389M8 号

《突发事件应急预案管理办法》解读

主　　编	詹承豫
责任编辑	罗秀全
编　　辑	房伟奇
责任校对	李新荣
封面设计	张　蕾

出版发行	应急管理出版社（北京市朝阳区芍药居 35 号　100029）
电　　话	010 - 84657898（总编室）　010 - 84657880（读者服务部）
网　　址	www.cciph.com.cn
印　　刷	海森印刷（天津）有限公司
经　　销	全国新华书店
开　　本	710mm×1000mm $^1/_{16}$　印张　$13^1/_4$　字数　152 千字
版　　次	2024 年 7 月第 1 版　2024 年 7 月第 1 次印刷
社内编号	20240184　　　　　　定价　48.00 元

版权所有　违者必究

本书如有缺页、倒页、脱页等质量问题，本社负责调换，电话:010 - 84657880（请认准封底防伪标识，敬请查询）

序 一

2003年抗击"非典"疫情取得重大阶段性胜利之后,党中央、国务院在深刻总结历史经验、科学分析公共安全形势的基础上,作出了全面加强应急管理工作的重大决策。在党中央、国务院的领导下,以"一案三制"(制定修订应急预案体系,建立健全应急体制、应急机制、应急法制)为主要内容的中国特色应急管理体系建设在全国积极、稳妥、全面地推开。

应急预案体系建设是我国综合性应急管理体系建设的重要抓手。2004年是全国应急预案编制年,国务院办公厅适时印发了《国务院有关部门和单位制定和修订突发公共事件应急预案框架指南》和《省(区、市)人民政府突发公共事件总体应急预案框架指南》,有力推动了应急预案的编制和实施。2005年,我国完成了国家突发公共事件总体应急预案,以及应对自然灾害、事故灾难、公共卫生和社会安全等方面105个专项和部门应急预案的编制和审核工作。此后,各级地方政府预案、企事业单位预案及重大活动预案等相继颁布实施,"横向到边,纵向到底"的应急预案体系基本形成。在防范和应对一系列突发事件中,特别是在有效应对2008年南方低温雨雪冰冻灾害和"5·12"汶川地震等自然灾害中发挥了重要作用。2013年,国务院办公厅印发了《突发事件应急预案管理办法》(以下简称《办法》),进一步加强了国家对应急预案的

《突发事件应急预案管理办法》解读

管理。

党的十八大之后,以习近平同志为核心的党中央更加重视公共安全与应急管理工作,提出了一系列新理念,实施了一系列重大决策部署,我国公共安全与应急管理呈现新态势新格局,即以总体国家安全观为统领,统筹发展和安全;以人民安全为宗旨,坚持人民至上、生命至上;以防范化解重大风险挑战为主线;以加强优化统筹国家应急能力建设为重点;以科技进步和现代信息技术为支撑;以中国特色社会主义法治体系为保障;以服务和建设与中国式现代化相适应的中国特色大国应急体系为目标;以构建人类命运共同体为己任,以新安全格局保障新发展格局。

习近平总书记指出,当前和今后一个时期,要特别强调统筹发展和安全两件大事,牢固树立底线思维和极限思维,切实增强重大风险预测预警能力,有切实管用的应对预案及具体可操作举措。新时期突发事件呈现新特点,突发事件应对工作遇到许多新情况新问题,庞大应急预案体系的系统性、衔接性等全过程管理问题愈发凸显,应急预案内容情境更加复杂,应对手段也更加多元多样,更何况有些单位的预案是应付上级检查的,缺乏针对性和实用性等。为此,应急预案管理必须紧跟时代步伐,顺应实践发展,必须坚持问题导向和系统观念,贯彻落实党的二十大报告强调的"提高公共安全治理水平。坚持安全第一、预防为主,建立大安全大应急框架,完善公共安全体系,推动公共安全治理模式向事前预防转型"。所以,修订《办法》势在必行。2024年1月31日,国务院办公厅印发了新修订的《办法》。《办法》深入总结近年来应急预案管理和突发事件应对工作的经验教训,重点针对应急预案规划、编制、审批、发布、备案、演练、评估、修订等方面工作作了优化

序 一

调整，完善了顶层设计，创新了管理制度，固化了经验做法，从制度层面解决了一些突出问题，充分体现了推陈出新、与时俱进的精神，对新形势下深化应急预案体系建设非常及时和必要。

《〈突发事件应急预案管理办法〉解读》（以下简称《解读》）一书正是对新修订的《办法》的深入学习和宣贯。《解读》涵盖了政策目标、条文主旨、内容理解、适用情境等关键内容，深入分析了应急预案管理的基本概念与应用范式。该书既有理论研究价值，又有实践参照意义，可为各级政府及部门、各企事业单位负责应急管理工作的同志以及从事应急管理教学的师生提供指导和参考。衷心期望詹承豫教授团队编写的这本《解读》能够助力广大应急管理工作者编好预案、管好预案、用好预案，不断提升应急预案的针对性、科学性和实用性，为推进我国应急管理体系和能力现代化做出自己的贡献。

原国务院参事、原国务院应急管理专家组组长

2024年6月于北京

序 二

随着经济社会的快速发展和新兴技术的迭代更新,新技术、新领域带来了新风险、新隐患,现代社会的风险社会特征更加明显,风险治理的不可预见性进一步加剧,突发事件应对面临更严峻的形势与挑战。在新发展阶段,及时有效应对处置各类突发事件已经成为我国各级政府必须高度重视的重大挑战。

应急预案,是为了控制、减轻和消除突发事件引起的严重社会危害,规范突发事件应对活动而预先制定的方案。突发事件的突发性、紧急性、高度不确定性等特征增加了应急预案编制规划和执行落实的难度。一方面,应急预案若要有效应对各种风险,在编制规划时就需尽可能考虑突发事件发生后的关键环节与必要措施,以指导突发事件应对活动,尽快开展应急处置救援。另一方面,应急预案实践性与可操作性的实现需要不断地演练与更新,总结实践经验教训,使应急预案与当地社会风险形势与应急资源情况相契合。

当前,应急预案仍然不同程度地存在"上下一般粗"、照搬照抄、执行落实不足等问题,各级各类应急预案的衔接性、针对性与可操作性有待提高。同时,尽管我国已经形成了较为完备的应急预案体系,但囿于应急预案制定规划不完善、修订更新不及时、演练宣传不到位,应急预案的应对措施与风险演变的态势不相匹配,难以发挥应急预案在突发事件处置中的保障作用。

《突发事件应急预案管理办法》解读

2024年国务院办公厅发布了新修订的《办法》。针对新发展阶段我国突发事件应对的突出特点，《办法》着力增强了应急预案的针对性、实用性和可操作性，切合当前实践需求。《解读》一书，基于应急管理工作需要，对全部条款的具体要求进行了学理阐释和实践要点解读，既阐明了应急预案体系建设的基本原理，又融入学界研究的前沿成果，同时结合应急管理体系和能力现代化要求，论述了做好应急预案管理工作的知识要点。同时，该书案例分析贴近应急管理实践需求，有助于实践者更深刻地理解应急预案管理办法的适用情境。

该书值得各层级各部门实践工作者学习研读，同时也可作为学术研究的参考资料。相信通过阅读该书，读者能够更好地把握应急预案的本质和作用，进一步加强应急预案管理的规范性、科学性、高效性，为推进应急预案体系健全完善贡献力量。

清华大学苏世民书院院长、教授

薛　澜

2024年6月于北京

序 三

我国是各类复合型突发事件频发的国家,生产安全事故、自然灾害等耦合带来的综合风险给统筹安全与发展带来巨大挑战。实现高质量发展和高水平安全良性互动需要加强应急管理体系和能力建设。推进应急管理体系和能力现代化,既是一项紧迫任务,又是一项长期任务。其中,应急预案是加强应急管理体系建设、提升应急管理能力的关键抓手。应急预案规范了突发事件事前、事中、事后的责任体系、工作流程、管理机制、应对措施、资源保障等全流程全方面要素,对谁来做、做什么、何时做等突发事件应急处置的基本问题做出具体安排,为应急管理体制机制建设提供了支撑和保障。

习近平总书记在主持中央政治局第十九次集体学习时强调,要加强应急预案管理,健全应急预案体系,落实各环节责任和措施。为贯彻落实新时代对应急预案管理工作的更高要求,2024年,国务院办公厅对《办法》进行了修订并发布实施。此次修订进一步推进了应急预案管理的规范化,为深入推进应急预案体系建设、构建和完善中国特色应急管理体系提供了保障。

多年来从事应急管理研究和开展各级领导干部培训的经验表明,要充分发挥应急预案的作用,不仅要加强应急预案内容编制,更要加强应急管理人员对应急预案的深入理解。因此,应急管理人员对应急预案管理不仅要知其然,清楚应急预案管理的各环节应该如何去做;更要知其所以然,理解应急预案管理环节背后的逻辑,避免"形式主义",立足于风险状况和应急能力,找得到应急措施、调得动应急资源、用得好应急预案。

《解读》对《办法》的条款进行了逐条解读,深入分析阐释了应急预案规划、编制、审批等各环节的管理要求。该书阐明了每一条规定的主旨和涉及的核心概念,明晰了对各条款的理解和适用,辅以案例分析,剖析了条款的适用情境,为条款转化为应急预案管理工作实践提供了参照。

特别推荐詹承豫教授团队编写的这本书作为各级各类应急管理干部培训的重要资料,以增进各级应急管理干部对应急预案的深入了解。同时,该书也可作为工具书用于日常查阅,以明确相关工作要点,提高应急预案管理工作效率。

中共中央党校(国家行政学院)
应急管理培训中心(中欧应急管理学院)主任(院长)

马宝成

2024年6月于北京

前言

数智赋能应急预案全流程管理的思考与展望

一、新时代我国应急预案体系建设取得突出成绩

突发事件具有明显的不确定性、紧迫性和危害性特征，突发事件的发生及其引发的次生、衍生灾害会造成重大伤亡和严重社会危害，给应急管理工作带来巨大的挑战和压力。突发事件的突发性和紧急性要求应急管理部门必须迅速作出决策，采取有效应急处置措施予以应对。然而，一种类型的突发事件可能引发多种类型的次生、衍生灾害，造成复合型破坏，在难以充分了解灾害事故情景全貌、无法准确判断风险危害演化态势的情况下，如何采取及时有效的处置措施，对应急管理部门是一项艰巨的挑战。

2003年"非典"疫情后，党中央、国务院在深刻总结经验教训、科学分析公共安全形势的基础上，作出了全面加强应急管理工作的重大决策。此后，我国开始推进以"一案三制"为核心内容的应急管理体系建设，"一案"即应急预案，"三制"指应急体制、应急机制、应急法制。其中，应急预案是应急体系建设的重要抓手，具有应急规划、纲领和指南的作用。2003年国务院成立"突发公共事件应急预案工作小组"，以应急预案编制工作为抓手，不断推动我国应急预案体系建设。2005年后，以颁布《国家突发公

《突发事件应急预案管理办法》解读

共事件总体应急预案》（以下简称《国家总体预案》）为标志，我国各级政府开始全面编制应急预案，国务院陆续印发1件国家总体预案、25件专项预案和80件部门预案，全国应急预案框架体系初步建立，但各类应急预案还要在实践中接受检验，不断完善。

随着应急预案体系逐渐完善，预案种类不断健全和预案数量迅速增长，应急预案的规范性管理面临较大挑战。针对应急预案体系建设中存在的若干问题，国务院应急办在全国范围内开展大规模的专题调研活动，并于2013年10月由国务院办公厅印发了《办法》，明确规定应急预案的概念、分类、编制程序等内容，规范应急预案管理办法，优化应急预案体系。目前，我国应急预案体系建设取得了巨大成就，已经形成"横向到边、纵向到底"的预案体系，我国已经编制了近千余万件应急预案，这些预案在多次重大突发事件的应对中发挥了支撑保障作用。但同时，随着我国进入高质量发展的新阶段，各类突发事件风险及其演化态势有了较大变化，应急管理工作进一步深化改革，应急预案体系及其全流程管理也需要。

党的二十大报告明确指出要"提高防灾减灾救灾和急难险重突发公共事件处置保障能力"，建立"大安全大应急"框架，推动"公共安全治理模式向事前预防转型"。在战略机遇和风险挑战并存，不确定难预料因素增多的情况下，进一步加强应急预案体系建设和推进应急预案全流程管理，是完善国家应急管理体系，提升突发事件处置保障能力的重要途径。为了适应形势发展与实践需要，2024年1月国务院办公厅发布新修订的《办法)。《办法》深入总结近年来应急预案管理和突发事件应对工作经验，重点针对应急预案规划、编制、审批、发布、备案、演练、评估、修订等方面工作做了优化调整，完善了顶层设计，创新了管理制度，固化了经验做法，从制度层面解决了一些突出问题。《办法》基于我国应急管理体制机制改革实际，研究提出应急预案全流程管理的任务要求，注重运用信息化数字化智能化技术创新应急预案管理模式，对强化数智赋能应急预案全流程管理提出了更高要求。

二、应急预案全流程管理与数智赋能亟需加强

应急预案是针对可能的突发事件，为保证迅速、有序、有效地开展应急与救援行动，降低伤亡和损失而预先制定的有关计划或方案，是做好突发事件应对工作的重要抓手，平时牵引应急准备、急时指导处置救援。新一代信息技术推动了应急管理创新和变革，面向我国应急管理现代化建设要求，适应新时代应急管理体制机制改革发展需要，研究数智时代如何推进应急预案体系建设、加强应急预案全流程管理具有重要的理论意义和实践价值。当前，我国应急预案体系取得了长足进展，应急预案管理工作成效突出，但总体上看，应急预案体系建设和应急预案管理不平衡、不充分的问题依然比较突出，各地区、各部门应急预案管理水平差距较大，影响应急预案体系高质量发展的管理问题仍有待解决。编者及团队在开展相关研究时，对应急预案体系建设及管理工作情况进行实地调研、案例研究与政策梳理，从全流程管理、多主体衔接与数智化赋能三个环节来剖析应急预案管理工作的实践经验与突出问题。

（一）全流程管理：规划先行但实践执行需要加强

应急预案管理主要包括应急预案的规划、编制、审批、发布、备案、培训、宣传、演练、评估、修订等工作。应急预案管理是增强应急预案的针对性、实用性和可操作性，提高应急预案质量的基础性工作。近年来，各地区、各部门全面加强应急预案体系的动态

化、科学化、专业化管理，建立健全应急预案的持续改进机制，推动应急预案管理在重视程度、规范化水平、管理效能等方面都得到了显著提升，但应急预案管理全流程系统性的支持仍有不足。

近年来，贯彻落实"规划先行、分类推进、加大投入、扎实苦干"的要求，我国各级各类应急预案规划编制不断完善，应急预案体系建设取得显著进展，形成了覆盖不同层级主体、不同事件类别的应急预案体系，构建起从总体预案到专项预案、部门预案、基层预案、现场处置方案的"横向到边、纵向到底"的预案体系。特别是在实践中，形成了一系列进行预案规划（计划）的科学原则，成为贯穿整个应急规划流程的主导思想。体现在规划主体的广泛参与性、规划所调整风险的全面性、对社会灾后反应的确知性、应急组织的协调性、应急决策的创新性，应急培训的重要性等方面。

然而，应急预案全流程管理的规范仍需完善，新冠肺炎疫情、河南郑州"7·20"特大暴雨灾害等一系列特别重大突发事件的应对处置过程，既反映了近年来我国应急预案管理法治化工作取得重要成果，也暴露了当前应急预案管理存在的短板和不足。随着应急预案体系建设的进一步推进，我国基本形成了指导应急预案体系建设和管理的法律法规政策体系，面向应急管理现代化的需求，部分基础法律已经完成或正在修订过程中。应急预案管理工作的开展需要有稳健的指导框架，法律法规及政策体系中已经将应急预案管理纳入重点关注范畴，但针对应急预案管理的一般性要求居多，指导性措施不足；尽管全流程管理的思想已经在预案管理办法中提出，但全流程管理是什么、如何开展全流程管理仍需进一步的统一标准。

（二）多主体协调：初具合力但相互衔接需要优化

应急预案是一个衔接落实各方、各环节责任的载体，是一个明确突发事件状态下各方行动规则的体系，必须进行通盘考虑、整体谋划，强化各级各类应急预案之间的衔接配合，真正形成多层次、立体化的应急预案网络。近年来，我国各地区、各部门积极推进总体应急预案、专项应急预案、部门应急预案，单位和基层组织应急预案等不同预案的功能定位和相互衔接要求，加强预案配套支撑性文件的编制和管理。针对不同突发事件的类别和等级，明晰各主体职责任务，各地区及相关部门重点加强了上下级、同级别、军队与地方、政府与企业、相邻地区等相关应急预案之间的有效衔接、相互贯通。京津冀、长三角、粤港澳大湾区等不少相邻、相近地方政府及其有关部门联合制定了应对区域性、流域性突发事件的联合应急预案，侧重明确相邻、相近地方政府及其部门间信息通报、组织指挥体系对接、处置措施衔接、应急资源共享等内容，不断提高跨部门、跨区域、跨行业整体合力。实现应急预案治理效能，需要充分发挥应急预案体系的系统性作用，不仅关注文本规范性，还要体现结构衔接、职能协同。

目前，各地编写预案过程中，多参照国家、省部级和各类专项应急预案为模板，预案内容集中于组织机构的构建和职责分工，缺乏情景思维。没有将"职责"明确转化为可执行的"任务"，再将"任务"转化为具体的"行动"，从而使得预案的实用性和可操作性大打折扣。部分预案在制定时，没有充分考虑到自身在整个预案体系中的功能和定位，与上级预案、同级预案以及相关单位的职能衔接不够紧密，导致预案之间缺乏协同性和连贯性，造成预案"各说各话"，难以形成协同一致的应对合力。

（三）数智化赋能：积极探索但制度支撑需要提升

近年来，部分地方和部门积极推动应急预案数字化管理平台建设，利用信息化手段提高应急预案管理的效能。多数地区已经建立起数字化预案管理系统，或依托应急指挥平台或技术系统等建立了电子化预案管理数据库，如河北省作为全国首批10个"智慧应急"试点之一，率先引入数字化预案系统建设，并深度融合应急管理一张图，实现了预案可视化、指挥调度一体化、辅助决策智能化等目标。总体而言，我国数字化应急预案管理工作处于起步阶段，在初步实现电子化文档管理的基础上，开始进一步探索信息整合、数据整合、资源整合，朝着"可视化""智能化"方向发展，以期为应急处置提供科学、及时、有效的行动保障。

然而，当前多数地区仍采用传统应急预案管理方式，尚未构建起相对完善的应急预案数据库和智能化管理平台。信息化侧重于从业务操作到数据收集与整合的过程，而数字化则强调从数据分析到业务优化的转变，不少地区存在将数字化与信息化混淆的情况，导致现有的系统往往只停留在预案与资源的可视化管理层面。应急预案信息化能够提升文字信息上报、影像传输、处置过程记录以及资源查询等能力，但真正的数智化应急预案则侧重于数据驱动，实现自动预警、态势预判、风险提示以及智能处置方案推荐等高级功能，从而提升应急响应的效率和准确性。当前应急预案数字化平台建设规划及指导意见中，对应急预案数字化建设的核心目标及具体任务的规范性表述尚不明确，从而导致应急预案数字化建设方向不明，混淆应急预案数字化赋能与信息化管理的建设目的。应急预案管理需要风险评估、应急演练、风险沟通、法律法规等多方面的专业知识，应急预案管理的数字化智能化是传统管理方式的升级，更需要大量的人才、技术和资金投入。目前，地方特别是基层单位没有为应急预案管理配备专业人员和机构，应急预案数字化管理多停留在口号，实现应急预案管理从传统模式向数智化转型，任重而道远。

三、数智赋能应急预案全流程管理的未来展望

数智赋能突发事件应急预案全流程管理，是指通过数智技术深度嵌入包括应急预案的规划、编制、审批、发布、备案、培训、宣传、演练、评估、修订等全流程管理，进而通过管理流程再造和管理模式优化等方式，实现规范应急预案管理，增强应急预案的针对性、实用性和可操作性，完善应急预案体系衔接性等目标的管理过程。适应当今数智时代技术创新的要求，需要运用信息化数字化智能化技术推进应急预案管理，突出情景模拟、风险研判与决策辅助功能。应急预案管理应当从如何运用具体的技术，向如何基于新技术改变管理流程进一步迈进，要求各级各部门通过运用新兴技术，推进应急预案管理理念、模式、手段、方法等创新。数智技术深度嵌入应急预案全流程管理，有助于超越时间限制开展应急预案规划、编制、审批、发布和修订，跨越空间藩篱完善应急预案多主体多层级评估和衔接机制，提供点对点个性化实现应急预案备案、培训、宣传和演练实践，为加强应急预案管理效能提供了实现抓手。

时隔十一年，《办法》修订并发布实施，为进一步推进应急预案体系建设、强化数智赋能应急预案全流程管理提供了制度保障。《办法》充分说明了应急预案全流程管理的各项要求，进一步规范了应急预案各类应急预案管理环节的主体、标准、内容、程序，强调了数智赋能应急预案管理的理念要求。为了帮助大家更好地理解、执行《办法》，提升应急预案管理工作效率，充分发挥应急预

《突发事件应急预案管理办法》解读

案的保障作用，编者与团队编写了《解读》一书，为从事应急预案管理实践工作的同志提供参考。

本书的章节安排与《办法》保持一致，共8章42条，对每一条文规定进行详细解读。条文解读从条文主旨、核心概念、理解与适用、实践难点与适用指引四个方面展开，按照"目标—主旨—应用—案例"的写作框架，首先强调条文制定的理念和目的，其次明确条文内容的关键概念与知识基础，并阐释条文的适用情境，辅以案例协助理解。本书编写过程中贯彻《办法》的修订理念，对《办法》中强调的全过程管理、动态管理、数字化管理等新要求，结合前沿理论研究与实践探索进行了详细阐释，为新理念、新做法的普及推广提供了建议。此外，编者和研究团队正着力尝试通过数字媒体进行知识传播，为读者提供更多便捷的学习资源。我们后续将根据本书内容，运用生成式人工智能技术录制相关的电子课件，感兴趣的读者可以联系编者获取相关资源。

《办法》从制度层面强化了应急预案管理，为应急预案功能实现提供保障，系统性推动预案体系建设，提升了应急预案的规范性、有效性与衔接性。但同时，应急预案需要在实践中检验和提升，负责应急预案管理的各级领导干部、突发事件应对的相关部门需要结合工作实际情境与应急预案，真正将应急预案的文本转化为实践行动，并根据现实情况不断改进和完善应急预案，创新应急预案管理工作方法手段，实现应急预案体系建设的目标。

当前我国应急管理领域的理论研究与实践探索处于快速发展时期，加上各种先进技术的不断创新应用，应急预案管理实践经验将层出不穷。本书总结提炼了编者关于应急预案及其管理的研究成果和参与相关工作的实践经验，对《办法》这一宏观政策的解读多

前　言

出于理论探讨和个人理解，仅对一些重要内容做了详细阐释，很多内容在书中只是提及，对一些问题未能深入详细说明。

囿于编者及团队水平，本书难免存在不当和疏漏之处，敬请读者批评指正。

编　者

2024 年 6 月于北京

目 录

第一章 总则

第 一 条【立法目的】……………………………… 1
第 二 条【预案定义】……………………………… 6
第 三 条【适用范围】……………………………… 10
第 四 条【管理原则】……………………………… 13
第 五 条【职责体系】……………………………… 18
第 六 条【数据管理与技术应用】………………… 21

第二章 分类与内容

第 七 条【预案类型】……………………………… 24
第 八 条【总体预案】……………………………… 30
第 九 条【专项和部门预案】……………………… 38
第 十 条【专项和部门预案内容】………………… 41
第十一条【特殊专项和部门预案】………………… 47
第十二条【重大活动预案】………………………… 50
第十三条【联合预案】……………………………… 54
第十四条【巨灾预案】……………………………… 58
第十五条【基层预案】……………………………… 64
第十六条【单位预案】……………………………… 69

第十七条【工作手册和行动方案】 …………………… 74

第三章 规划与编制

第十八条【编修计划】 ……………………………… 83
第十九条【编制主体】 ……………………………… 88
第二十条【编制工作小组】 ………………………… 90
第二十一条【编制基础】 …………………………… 93
第二十二条【征求意见】 …………………………… 98

第四章 审批、发布、备案

第二十三条【报送审批】 …………………………… 103
第二十四条【审核内容】 …………………………… 104
第二十五条【审批印发主体】 ……………………… 107
第二十六条【备案程序】 …………………………… 111
第二十七条【备案管理】 …………………………… 117
第二十八条【预案公开】 …………………………… 120

第五章 培训、宣传、演练

第二十九条【组织实施与跟踪】 …………………… 123
第三十条【人员培训】 ……………………………… 125
第三十一条【宣传普及】 …………………………… 127
第三十二条【预案演练】 …………………………… 130
第三十三条【演练评估】 …………………………… 132

第六章 评估与修订

第三十四条【预案评估】 …………………………… 137
第三十五条【预案修订情形】 ……………………… 138
第三十六条【预案修订程序】 ……………………… 141

第三十七条【预案修订建议】………………………………… 142

第七章　保障措施

　　第三十八条【人员经费保障】………………………………… 148
　　第三十九条【指导监督】……………………………………… 150

第八章　附则

　　第 四 十 条【预案管理实施办法】…………………………… 155
　　第四十一条【其他规定】……………………………………… 157
　　第四十二条【解释权限】……………………………………… 158
　　第四十三条【施行日期】……………………………………… 159

附录

　　附录一　《突发事件应急预案管理办法》2013 年版与
　　　　　　2024 年版对照表 ……………………………………… 161
　　附录二　《突发事件应急预案管理办法》修订说明 ……… 176
　　附录三　应急管理部对新修订《突发事件应急预案
　　　　　　管理办法》的解读 …………………………………… 180

后记……………………………………………………………… 186

第一章 总 则

第一条【立法目的】① 为加强突发事件应急预案（以下简称应急预案）体系建设，规范应急预案管理，增强应急预案的针对性、实用性和可操作性，依据《中华人民共和国突发事件应对法》等法律、行政法规，制定本办法。

◆ **条文主旨**

本条是关于《办法》制定目的和制定依据的规定。

◆ **核心概念**

突发事件：《中华人民共和国突发事件应对法》第二条规定，突发事件是指突然发生，造成或者可能造成严重社会危害，需要采取应急处置措施予以应对的自然灾害、事故灾难、公共卫生事件和社会安全事件。

应急预案：新修订的《办法》第二条规定，应急预案是指各

---

① 方头括号及提示文字为编者所加，为方便读者检索使用，仅供参考，下同。

《突发事件应急预案管理办法》解读

级人民政府及其部门、基层组织、企事业单位和社会组织等为依法、迅速、科学、有序应对突发事件，最大程度减少突发事件及其造成的损害而预先制定的方案。

应急预案体系：2024年《国家突发公共事件总体应急预案（送审稿）》第1.5条规定，突发事件应急预案体系包括各级人民政府及其部门，基层组织、机关和企事业单位、社会团体等制定的各类突发事件应急预案，以及相关支撑性文件。县级以上人民政府应急预案由总体应急预案、专项应急预案、部门应急预案组成。各级党委有关部门制定的突发事件应急预案纳入本级突发事件应急预案体系。

◆ **理解与适用**

本《办法》由国务院办公厅发布，对突发事件应急预案体系建设与管理工作做出全面且具体的规定。

我国自古以来高度重视突发事件应对工作。新中国成立后，我国逐渐形成了以单灾种为主的灾害应对体系。2003年受"非典"疫情冲击，党中央、国务院在全国防治"非典"工作会上，总结了应对处置"非典"疫情的经验教训，第一次明确提出建立健全各种预警和应急机制，提高政府应对突发事件和风险的能力。自此，我国开始全面推进以"一案三制"为核心的综合应急管理体系建设，其中，应急预案体系建设是综合应急管理体系的关键抓手。当前，我国已形成了"横向到边，纵向到底"的应急预案体系，应急预案编制管理工作取得了显著成效。《办法》于2013年首次出台，2024年进行修订，这是根据突发事件新形势和新挑战，深入推进应急预案体系建设的重要举措。

相较于2013版《办法》，本条在此次修订中增加了"加强突发事件应急预案体系建设"。从预案编制的工作要求来看，应急预案的编制要全面覆盖所有突发事件，预案之间应当相互支撑、相互

第一章 总　则

制约，并体现体系化特征。

本条规定了《办法》的制定目的，包括两个层面的内容：

一是进一步完善应急预案体系建设，规范应急预案管理工作，增强各级各类应急预案间的衔接性与协调性。《国家综合减灾"十一五"规划》首次明确提出加强应急预案编制和修订工作。目前，我国应急预案体系已经在覆盖面上实现了"横向到边、纵向到底"，类型上涵盖了《国家突发公共事件总体应急预案》第1.6条规定的总体应急预案、专项应急预案、部门应急预案、地方应急预案、单位应急预案、重大活动应急预案等六类。根据《办法》第七条的规定，政府及其部门应急预案由总体应急预案、专项应急预案、部门应急预案组成；单位和基层组织应急预案包括企事业单位、村民委员会、居民委员会、社会组织等编制的应急预案。

二是增强应急预案的针对性、实用性和可操作性，实现应急预案面向突发事件应对的风险情景，发挥提升突发事件风险防范化解能力、指导应急处置救援行动的作用，落实维护人民群众生命安全和社会稳定等功能。

（1）应急预案要具备针对性。对于政府及相关部门来说，一方面，预案的制定要按照《中华人民共和国突发事件应对法》（以下简称《突发事件应对法》）等法律法规中对各单位、各部门的不同要求。如《突发事件应对法》第二十六条规定，国务院、国务院有关部门、地方各级人民政府和县级以上地方各级人民政府有关部门应当根据各自职责和实际情况制定相应的应急预案。另一方面，应急预案的制定要针对本部门或本地区所面临的风险特点，有针对性地结合自身可能出现突发事件的特点、事件影响程度等情况进行认真分析，并结合风险分析的结果制定具体措施。如《突发事件应对法》第二十八条规定了应急预案应当针对突发事件的性质、特点和可能造成的社会危害，具体规定突发事件应对管理工作的各项内容。

（2）应急预案要具备实用性。应急预案是有效应对各类突发事件的一个迅速、有效、有序的行动方案，也是不断发展和完善应急管理体制、机制、法制的重要抓手，应急预案的实用性将在很大程度上决定突发事件应对效果的好坏。因此，预案内容一方面要贴合实际状况，所规定的时间、人力、物力、财力，要能够贴合被使用者及其实施的客观环境和条件各种限制；另一方面要规范明确，符合国家和地方相关政策和法律法规的规定。

（3）应急预案要具备可操作性。应急预案不是笼统的原则性规定，而是针对突发事件预防和处置的行动方案，因此要具备在实践中可操作且易于操作的特征。具体来讲，就是要明确各项措施在日常状态和应急状态等不同情境下的执行主体、执行步骤、资源储备、具体方法和限制性条件等。

同时，本条阐明了《办法》的制定依据，主要以《突发事件应对法》等与应急管理工作直接相关的法律、行政法规为基础，条文内容与其他规定了应急预案相关内容的法律、行政法规相衔接。突发事件的类型涵盖自然灾害、事故灾难、公共卫生事件和社会安全事件，总体国家安全观的提出进一步拓宽了突发事件的范畴，党的二十大报告进一步提出了"大安全大应急"框架的建设目标，因此，安全领域的众多法律大都有与应急预案相关的内容规定。为方便读者查阅当前法律中有关应急预案的规定，此处简要列举《办法》制定依据的部分法律及相关条款，具体见表1。

表1 《办法》制定依据的部分法律

依据的部分法律	相 关 条 款
《中华人民共和国突发事件应对法》	第二十六条、第二十七条、第二十八条、第三十六条、第三十七条

第一章 总　　则

表1（续）

依据的部分法律	相　关　条　款
《中华人民共和国安全生产法》	第二十一条、第二十五条、第四十条、第八十条、第八十一条、第八十五条、第九十七条、第一百零一条
《中华人民共和国国防动员法》	第十五条、第十六条、第十七条、第十八条、第二十条、第三十九条、第四十六条
《中华人民共和国防震减灾法》	第四十六条、第四十七条、第四十八条、第七十五条
《中华人民共和国网络安全法》	第二十五条、第三十四条、第五十三条、第五十五条
《中华人民共和国数据安全法》	第二十三条
《中华人民共和国食品安全法》	第一百零二条、第一百零三条、第一百零五条、第一百四十三条
《中华人民共和国动物防疫法》	第四十五条、第四十七条
《中华人民共和国消防法》	第十六条、第二十条、第四十三条
《中华人民共和国海上交通安全法》	第十六条、第四十条、第四十八条、第六十二条
《中华人民共和国个人信息保护法》	第五十一条
《中华人民共和国生物安全法》	第二十一条、第三十条、第三十八条、第五十条
《中华人民共和国核安全法》	第二十七条、第五十五条、第五十六条、第五十八条、第五十九条、第六十二条、第八十七条
《中华人民共和国反恐怖主义法》	第三十二条、第四十二条、第五十五条
《中华人民共和国水污染防治法》	第七十九条
《中华人民共和国固体废物污染环境防治法》	第八十五条、第一百一十二条
《中华人民共和国国家安全法》	第五十五条、第六十三条

表1（续）

依据的部分法律	相 关 条 款
《中华人民共和国水法》	第四十五条、第七十五条
《中华人民共和国特种设备安全法》	第六十九条、第七十条、第七十一条
《中华人民共和国固体废物污染环境防治法》	第二十条、第四十二条
《中华人民共和国大气污染防治法》	第九十四条、第九十六条
《中华人民共和国网络安全法》	第二十五条、第三十四条、第五十三条、第五十五条

第二条【预案定义】 本办法所称应急预案，是指各级人民政府及其部门、基层组织、企事业单位和社会组织等为依法、迅速、科学、有序应对突发事件，最大程度减少突发事件及其造成的损害而预先制定的方案。

◆ 条文主旨

本条是关于应急预案概念定义的规定。

◆ 核心概念

本条规定中的应急预案制定主体主要包括各级人民政府及其部门、基层组织、企事业单位和社会组织等。

各级人民政府：各级人民政府包括国务院及地方人民政府。其中，《中华人民共和国宪法》第九十五条规定，地方人民政府包括省、直辖市、县、市、市辖区、乡、民族乡、镇。

基层组织：主要指村民委员会、居民委员会。《中华人民共和国宪法》第一百一十一条规定，城市和农村按居民居住地区设立的居民委员会或者村民委员会是基层群众性自治组织。

企事业单位：指企业单位及事业单位。企业单位包含国有企业和民营企业，是以盈利为目的独立核算的法人或非法人单位。《事业单位登记管理暂行条例》第二条规定，事业单位是指国家为了社会公益目的，由国家机关举办或者其他组织利用国有资产举办的，从事教育、科技、文化、卫生等活动的社会服务组织。

社会组织：《社会组织名称管理办法》第二条规定，社会组织包括社会团体、基金会和民办非企业单位。社会组织主要指为了实现特定的管理目标，按照一定的宗旨和系统建立、组合起来，依照各自的章程开展活动的组织。

◆ **理解与适用**

2013 版《办法》第二条规定，应急预案是指各级人民政府及其部门、基层组织、企事业单位、社会团体等为依法、迅速、科学、有序应对突发事件，最大程度减少突发事件及其造成的损害而预先制定的工作方案。相较于 2013 版《办法》，本条在此次修订中做了两处修改：

（1）将"社会团体"改为"社会组织"。尽管 1998 年《社会团体登记管理条例》明确社会团体是指中国公民自愿组成，为实现会员共同意愿，按照其章程开展活动的非营利性社会组织，但当前"社会团体"概念在学界研究与实践工作中，更具政治性意味，多指工会、妇联、共青团等履行部分政治功能的组织。随着社会发展，我国逐渐出现了类似西方社会中具有非政府、非营利、志愿等特征的社会组织。这部分组织缺乏一个统一名称，多用"民间组织""志愿组织"等代替，但并未正式写入政策法规。党的十六届六中全会通过的《关于构建社会主义和谐社会若干重大问题的决定》中提出"社会组织"的概念，取代了以往"民间组织""自治组织""中介组织"等称谓。党的十八大以来，我国在推进国家治理方面出台了一系列改革方案，如《国务院机构改革和职能转变方案》《中共中央关于全面推进依法治国若干重大问题的决定》《关于改革社会组织管理制度促进社会组织健康有序发展的意见》等文件，均使用"社会组织"这一名称，且明确了社会组织包含社会团体。因此，此次修订使用"社会组织"代替"社会团体"，更准确地定义了突发事件应对中参与的各类组织。

（2）将"工作方案"改为"方案"。应急预案主要是突发事件应对的工作方案、工作规程和行动方案。当前应急预案的内容既包括突发事件发生后的应对工作，也包括日常风险防范、监测预警、资源储备等应急管理全流程，因此，使用"方案"一词的包容性更强。

本条进一步明确了应急预案的概念定义，并对预案的编制主体、编制目的、编制时间进行了界定。其中，编制主体包括各级人民政府及其部门、基层组织、企事业单位和社会组织等；编制时间是突发事件发生之前预先制定。"预先制定"意味着应急预案是面向突发事件应对的未来方案。狭义上，突发事件应对是灾害事故发生后的反应；《突发事件应对法》第二条规定，突发事件的预防与应急准备、监测与预警、应急处置与救援、事后恢复与重建等应对活动，明确突发事件应对涵盖了从预防准备到监测预警的全流程。因此，应急预案概念中的"应对突发事件"应当包括事前、事中、事后全过程，应急预案应当预先对突发事件的应急准备、应急处置、恢复重建等各项内容做出安排。随着技术更新，应急管理实践中可以在预先制定的方案基础上，根据实时风险情况和突发事件的具体情况，快速修订和优化应急预案，进一步增强其针对性和可操作性。

本条指出应急预案制定的目的包括两部分：

第一章 总　　则

一是"依法、迅速、科学、有序应对突发事件"。应对突发事件首先要"依法"，应急预案是法律法规的重要补充形式，是根据特定地区、部门、行业和单位在法律准则范围内，为应对紧急情况而制订的特定实施计划。其次要"迅速"，当前我国的应急预案正逐渐程序化、规范化，且应急预案的内容可以随着形势变化适时调整，目的就是能够在既有的制度安排下尽量提高应急响应速度。换言之，政府编制应急预案的目的并非创制一种具有确定约束力的制度安排，而是在既有的制度安排下尽量提高应急响应速度。再次是"科学"，就是要遵循突发事件发生、演变及造成破坏性影响的规律，并基于突发事件发生及应对规律和当前具备的资源条件，对资源进行进一步的调整优化，使其发挥最大的效用，达到科学应对突发事件的目的。最后是"有序"，其强调的是按照预先设定的程序指挥、决策和部署，确保应急预案作为体制机制的重要载体，能够详细规划紧急事件的组织体系和职责、人员、技术、装备、设备、物资和救援行动的指挥和协调，并明确谁来做、做什么、什么时候做，以及采取相应的处理措施和资源，以此保证应对工作的有序性。

二是"最大程度减少突发事件及其造成的损害"。这一目的包含两方面的含义：其一，应急预案应当最大限度降低突发事件发生的可能性。事前防范能够有效降低突发事件发生的可能性，本《办法》第二章、第三章相关条款都明确规定，应急预案编制内容除了包含突发事件发生后的处置措施外，还应当包括风险管控、监测预警、资源保障等事前防范的相关安排。其二，应急预案应当最大限度减少突发事件造成的危害，有效防范次生、衍生事件。各类灾害事故造成的社会危害往往是多种因素的叠加结果，尽可能降低人为因素产生的危害，能够有效控制突发事件的不良后果。依照本《办法》第二章、第三章相关条款，应急预案应当通过明确现场管控、疏散撤离组织和路线、人员安置等内容，提前做好应急响应措施安排，实现第一时间响应，减少人员伤亡和财产损失。

此外，比例原则作为指导和控制行政裁量权的一项原则，包括合目的性原则（指行政机关行使裁量权所采取的具体措施必须符合法律目的）、适当性原则（指行政机关所选择的具体措施和手段应当为法律所必需，结果与措施和手段之间存在着正当性）、损害最小原则（指在行政机关在可以采用多种方式实现某一行政目的的情况下，应当采用对当事人权益损害最小的方式）。《突发事件应对法》第十条规定，突发事件应对措施应当与突发事件可能造成的社会危害的性质、程度和范围相适应；有多重措施可供选择的，应当选择有利于最大程度地保护公民、法人和其他组织权益，且对他人权益损害和生态环境影响较小的措施。这符合比例原则的"损害最小原则"。因此，应急预案作为突发事件应对的指导性政策文件，自然也采取"损害最小原则"，即在应急处置措施安排时应最大限度减少突发事件及其造成的损害。

第三条【适用范围】 应急预案的规划、编制、审批、发布、备案、培训、宣传、演练、评估、修订等工作，适用本办法。

◆ 条文主旨

本条是关于《办法》适用范围的规定。

◆ 核心概念

审批、备案这两个概念容易混淆，此处解释如下：

审批： 指审核批准（是否予以发布）。本《办法》第二十三条、第二十四条、第二十五条对应急预案审批做出了详细规定。

备案：指向主管机关报告事由存案以备查考。本《办法》第二十五条、第二十六条对应急预案备案做出了详细规定。

◆ 理解与适用

本条明确规定了应急预案管理包括规划、编制、审批、发布、备案、培训、宣传、演练、评估、修订等环节。编好、管好、用好应急预案，是提升应急管理能力的重要抓手。

相较于2013版《办法》，本条在此次修订中做了两处修改：①单独将"宣传"作为一个管理环节，强调了其重要性。突发事件应对涉及广大人民群众的生命财产安全。在突发事件应对中，为方便公众与政府部门及其他组织衔接配合，实现减少危害的目标，要求公众要预先了解或者熟悉应急预案。随着数字技术的快速发展，应急预案的宣传效率、覆盖面均有所提高，成本降低，广泛宣传应急预案，让更多公众了解或者熟悉应急预案，有助于提高突发事件应对的效率。②在"演练"和"修订"两个环节中间增加了"评估"环节。应急预案体系建立初期，囿于技术条件、人力配备、资源保障不足，对应急预案编制主体的硬性要求仅是"有预案"，评估每一项应急预案的内容及质量难以完全实现。在突发事件应对实践中，应急预案的质量直接影响其作用的发挥。应急预案具有实用性、可操作性是对应急预案的内在要求。目前，随着技术条件的成熟和应急预案体系建设的逐渐深化，把评估环节作为应急预案管理的规范性要求，并变成应急预案管理工作的必要程序，是保障应急预案质量的重要措施。

一、规划与编制

《办法》第三章对应急预案规划与编制做出详细规定。

《突发事件应急预案管理办法》解读

其一，各级政府应当编制应急预案制修订工作计划，为应急预案体系的完善提供指导。应急预案规划应该包括编制依据、规划范围、应急预案编制现状、规划目标、主要任务等。开展应急预案规划工作，健全完善应急预案体系，使应急预案尽可能覆盖本行政区域可能发生的各类突发事件应对需要，不留空白；同时，基于规划制修订应急预案也有助于加强应急预案之间的相互衔接，同时也为部门开展预案编制工作提供了遵循。

其二，按照职能明确应急预案编制主体，根据需要组成应急预案编制工作小组，确保应急预案编制工作的专业性。此外，应急预案编制应当根据有关法律、法规、规章和标准，紧密结合实际情况，以风险评估、资源调查、案例分析为基础，保障应急预案编制的实用性与针对性。

二、审批、发布、备案

《办法》第四章对应急预案审批、发布、备案做出详细规定。

应急预案编制完成后，应当将应急预案及有关材料报送审批单位进行审批，以确保预案内容符合法律规定且完备、框架结构清晰且合理等。审批通过后，应急预案可以由相关部门印发，并在印发后20个工作日内报送有关部门备案并抄送有关部门。同时，为预防或减少突发事件带来的损害，应急预案应当在印发后20个工作日内向社会公开。

三、培训、宣传、演练

《办法》第五章对应急预案培训、宣传、演练做出详细规定。

能否按照预案要求及时启动应急预案，相关部门单位能否按照预案要求高效采取应急处置措施，群众能否开展自救互救与先期处置，取决于相关人员是否知晓或者熟练掌握应急预案的内容。应急预案培训要向政府及其有关部门、企事业单位等内部人员，详细说明每一岗位应当采取的应对措施。应急预案宣传要面向公众，保障公众的知情权、参与权、监督权，说明公众积极参与突发事件应对的重要意义。应急预案演练对检验预案、完善准备、锻炼队伍、磨合机制有重要作用。要确保应急预案符合实际情况、具有可操作性，就必须按照规定进行应急预案演练，通过演练验证预案拟定的处置措施是否有效，进而为预案修订提供依据。

四、评估与修订

《办法》第六章对应急预案评估与修订做出规定。

及时评估是检验应急预案是否符合实际情况、所设定的应急处置措施是否有效的关键措施。而实践又是检验应急预案是否有用、管用、实用的最好办法。因此，负责应急预案管理的相关单位要根据外部环境和实际情况的变化及时对机构设置、人员安排、措施流程等进行修改。应急预案做出重大修改的，应当按照《办法》的相关要求重新进行审批、备案、发布等工作。

> **第四条【管理原则】** 应急预案管理遵循统一规划、综合协调、分类指导、分级负责、动态管理的原则。

◆ **条文主旨**

本条是关于应急预案管理工作原则的规定。

◆ **理解与适用**

本条规定了应急预案管理的原则包括统一规划、综合协调、分类指导、分级负责、动态管理。《"十四五"国家应急体系规划》

提出的"加强应急预案的统一规划、衔接协调和分级分类管理，完善应急预案定期评估和动态修订机制"，为理解和适用应急预案管理的原则提供了指引。

相较于2013版《办法》，此次修订增加了"综合协调"的工作原则。2018年应急管理部组建之前，我国针对自然灾害、事故灾难等突发事件的防范处置，是由各部门组建的专业应急队伍负责，他们在各自的职能范围内对突发事件应对采取响应措施。条块分工容易造成不同部门、不同应急队伍在处置突发事件时的协调调度困难和时间成本增加，影响了应急管理的工作效率。2018年党和国家机构改革整合了分散于11个部门的13项应急职责，组建应急管理部，标志着我国面向"全灾种、大应急"的应急管理体系建设深入推进。党的二十大报告中进一步明确建立"大安全、大应急"框架的要求，要求各层级、各部门、各行业领域加强应急管理工作的统筹协调。因此，加强综合协调对推进应急预案体系建设、加强应急预案管理工作具有重要作用。

党的十九届六中全会提出，"推动形成统一指挥、专常兼备、反应灵敏、上下联动的中国特色应急管理体制"。目前，中国特色应急管理体制已经基本形成，应急预案是应急管理体制机制的重要载体，应急预案体系建设的目标应当与中国特色应急管理体制具有内在的逻辑一致性。本条明确应急预案管理工作的基本原则包括五个方面。

（1）统一规划。"统一指挥"是当前中国应急管理体系建设的重要指导原则。应急预案体系建设应当从宏观层面统一规划，应急预案管理需要以统一规划作为基本原则。一方面，各层级、各部门应急预案编制工作应当统一按照体系化规划进行。《办法》第五条规定，国务院统一领导全国应急体系建设和管理工作，县级以上地方人民政府负责领导本行政区域内应急预案体系建设和管理工作；第十八条规定，国务院应急管理部门、县级以上地方人民政府应急

第一章 总 则

管理部门应当编制应急预案制修订工作计划，明确了应急预案编制工作具有规划性、系统性。另一方面，应急预案中设定的行动措施需要有统一部署。2024年《国家突发事件总体应急预案（送审稿）》第1.2条明确，国家突发事件总体应急预案是国家应对突发事件的总纲，指导全国突发事件应对工作。各层级、各部门编制应急预案时，应当在国家总体应急预案的指导下，根据地方总体应急预案的部署，在组织体系、事件分类分级、风险预警处置、应急响应、处置救援、资源保障等方面形成统一标准的体系。

（2）综合协调。突发事件应对工作包括政府及其部门、企事业单位、基层自治组织、社会组织、公民个人等多元主体，要想形成反应灵敏、协调有序、运转高效的应急机制，必须在统一领导下加强综合协调能力。应急预案作为应对突发事件预先制定的方案，各层级、各部门的应急预案管理需要加强与其他部门、相关单位、相邻地区的协调沟通，确保上下级、同级别、军队与地方、政府与企业、相邻地区等的预案之间形成有效衔接。应急预案管理与体系建设应实现人力、物力、财力、技术、信息等资源的综合协调，形成统一的应急指挥系统，通过整合各类应急资源，在突发事件发生时能够形成各部门协同配合、社会参与的联动工作局面。

（3）分类指导。《突发事件应对法》第三条明确了突发事件包括自然灾害、事故灾难、公共卫生事件和社会安全事件。不同类型突发事件所产生的危害情形和社会影响各不相同，其应对措施也不尽相同。因此，需要在集中统一的指挥体制下实行突发事件分类管理。《办法》第三十九条规定，县级以上地方人民政府及其有关部门应对本行政区域、本部门（行业、领域）应急预案管理工作加强指导和监督。应急预案则需要有总体与细分的分类指导，总体应急预案侧重总体制度安排，专项和部门应急预案针对突发事件类型或部门职能，二者有着不同的关注重点。同时，不同类型突发事件

《突发事件应急预案管理办法》解读

或不同应急管理职能的专项和部门应急预案，也应当由政府相关业务部门进行针对性指导。

（4）分级负责。分级负责的"级"有两方面含义。一是应急预案管理工作中的各级政府，即各级政府负责本层级应急预案管理工作。《办法》第五条明确规定，县级以上地方人民政府负责领导本行政区域内应急预案体系建设和管理工作。二是对突发事件的分级。《突发事件应对法》第三条规定，我国突发事件主要分为特别重大、重大、较大、一般四级。不同级别突发事件的处置需要动用的人力和物力是不同的，在当前突发事件应对的实践工作中，事件级别往往与启动响应的政府级别有一定的对应性。各级政府及其部门应当按照本行政区域内可能出现的突发事件风险情况，对应急预案中规定的响应措施等相关内容负责。

（5）动态管理。应急预案动态管理是指在应急预案编制并发布后，仍然要根据实际情况和需求，不断对其进行修订和完善的过程。应急预案的内容应当按照风险情况、突发事件应对能力、应急演练情况等动态调整，以确保预案的时效性和可行性。《办法》第三十五条规定，有下列情形之一的，应当及时修订应急预案：有关法律法规、规章、标准、上位预案中的有关规定发生变化的；应急指挥机构及其职责发生重大调整的；面临的风险发生重大变化的；重要应急资源发生重大变化的；在突发事件实际应对和应急演练中发现问题需要作出重大调整的；应急预案制定单位认为应当修订的其他情况。

◆ 实践难点与适用指引

一、现实案例及问题分析

当前，一些地方政府在应急预案体系建设中对应急预案管理工作原则落实得不到位，特别是在编制一些专项应急预案时，没有充分考虑应急、卫健、市场监管、工信、水利、公安、交通、住建、气象等相关部门应急措施的协同性或一致性，可能出现多个专项应急预案中规定的应急措施相互衔接困难，或某一专项应急预案中规定的职能出现空白等问题。

河南郑州"7·20"特大暴雨灾害，短期降雨量大、致灾快、人员伤亡和财产损失严重，社会舆论影响巨大。国务院调查报告明确指出，关键时刻统一指挥缺失等应急指挥不足是造成灾害伤亡和损失扩大的关键原因之一。"制度和预案上也没有明确领导之间的具体分工，领导干部不知道关键时刻自己的职责是什么、岗位在哪里、如何发挥领导作用"。郑州市委、市政府未能按照市总体预案和防汛预案规定统一指挥、分工负责，统筹全局不力；市防指统筹协调作用未能有效发挥，部门协同联动不顺畅，各级领导干部奔波于少数重点部位，对全市整体灾情信息不掌握，对抢险救援队伍缺乏统筹安排，基层干部顾此失彼、疲于应付，未能最大限度有效减少人员伤亡和灾害损失。为了应对类似问题，《国务院办公厅关于印发国家防汛抗旱应急预案的通知》（国办函〔2022〕48号）在预案中专门界定了组织指挥体系及职责，并希望通过分灾种、分级操作的准则和规范，更好地发挥该预案的作用。

二、实施及优化建议

第一，深化对应急预案管理工作的认识。各级领导干部要认真学习并贯彻落实党中央、国务院关于应急管理体制机制建设、应急预案体系建设的重要决策部署，深化对应急预案管理工作重要性的认识。贯彻落实推进应急预案体系建设的要求，各级人民政府应积极推进应急预案编制计划的制定，加快应急预案编修进度。各级各类应急预案制修订及管理工作应加强与上级预案衔接，贯彻落实统

《突发事件应急预案管理办法》解读

一规划、统筹协调的原则，明确各级各部门职责，形成工作合力，以系统思维把握应急预案管理工作关键环节。同时，上级政府应急管理部门应加强应急预案管理工作部署，做好对下级政府及其部门的指导和监督。第二，提升应急预案管理的基本技能和实践能力。为将应急预案管理的工作原则落实到实际工作中，需要加深各级各部门负责应急预案管理工作的干部职工对应急预案的理解，加强对应急预案的基本概念、框架结构、核心要素、编制要点、常见问题等方面的培训。通过模拟演练、案例分析、评估总结等方式，促进应急预案理论知识和研究成果运用到工作实践，推动应急预案管理工作水平提升。

> 第五条【职责体系】 国务院统一领导全国应急预案体系建设和管理工作，县级以上地方人民政府负责领导本行政区域内应急预案体系建设和管理工作。
> 突发事件应对有关部门在各自职责范围内，负责本部门（行业、领域）应急预案管理工作；县级以上人民政府应急管理部门负责指导应急预案管理工作，综合协调应急预案衔接工作。

◆ 条文主旨

本条是关于应急预案管理领导机构及职责体系的规定。

◆ 核心概念

为更好厘清应急预案管理工作上下级部门的职能分工，在此对"领导""指导"与"协调"概念进行解释。

领导：领导关系是指上级政府对其有关部门和下级政府的命令、指挥和监督，主要体现工作的隶属关系。各级人民政府领导应急预案体系建设和管理工作,其对政府有关部门、下级政府及其部门的应急管理工作下达指标或命令,并根据应急预案管理的情况对有关部门予以处罚。

指导:指导关系是指上级与下级政府主管同一类业务的职能机构之间的关系。县级以上人民政府应急管理部门对其他有关部门的应急预案管理工作提供业务指导,对应急预案管理作出政策性指示,或发表指导性意见。

协调:协调关系是指本级政府不同机构之间的衔接协调。县级以上人民政府应急管理部门是应急预案管理的协调机构,在政府不同部门基于各自职能对有关应急预案管理的问题进行协商的基础上,有权就应急预案管理的相关问题作出决定。

◆ 理解与适用

本条是此次修订的新增条款,对政府及相关部门在突发事件应急预案的管理职责方面做出了规定。此次修订增加对应急预案管理工作职责体系的相关规定,突出了各级人民政府对应急预案管理工作的领导,明确了应急管理部门指导本行政区域内应急预案体系建设、综合协调各类应急预案衔接相关职责,压实了有关部门在本行业(领域)应急预案管理方面的责任。《突发事件应对法》第二十七条规定,县级以上人民政府应急管理部门指导突发事件应急预案体系建设,综合协调应急预案衔接工作,增强有关应急预案的衔接性和实效性。

本条第一款规定了中央和地方应急预案体系建设和管理工作的领导主体,即国务院统一领导全国应急预案体系建设和管理工作,县级以上地方人民政府负责本行政区域内的应急预案体系建设和管理工作。国务院从宏观制度和顶层设计层面把控应急预案体系建设和管理的战略方向。就地方政府而言,省、市级政府层次较高,其

《突发事件应急预案管理办法》解读

职能中的决策、综合、指导、监督的责任较强,多发挥上传下达的作用,更加具有统一领导性与指导性;县级政府更多与实际公共行政事务发生联系,是我国政府职责分类的交界、发展模式的主要创新点和政府结构稳定的基石,是我国行政区划中最基本的单位,同时又居于承上启下的关键地位,负有将国家的法律、法规、规章和政策落实到基层的行政管理职责。县级以上人民政府在应急预案体系建设和管理活动中要立足全局,从国家治理现代化的大局出发把握应急管理工作。突发事件往往表现出突然发生、时效性强、决策时间短、控制难度大、力量多元、协调复杂、社会关注度高、信息传播快等特点,因此政府部门应该加强统一领导,对应急预案的编制内容、程序等进行规范,将应急预案修订工作纳入年度工作计划,定期修订完善等,以此高效及时地对应急预案进行动态管理,从而可以更好地加快应急预案体系建设。

本条第二款规定了各部门、各行业、各领域应急预案管理工作的责任主体,即突发事件应对的有关部门在各自职责范围内负责本部门(行业、领域)应急预案管理工作。突发事件涉及的范围较广和部门较多,需要多个部门和单位各自发挥好自身职能,才能使应急预案管理更加专业化。

同时,本条第二款还规定了应急预案管理工作的指导主体和衔接工作的协调主体,即县级以上人民政府应急管理部门负责指导应急预案管理工作,综合协调应急预案衔接工作。2018年3月13日,在第十三届全国人民代表大会第一次会议上国务委员王勇《关于国务院机构改革方案的说明》指出,应急管理部的主要职责是"组织编制国家应急总体预案和规划,指导各地区各部门应对突发事件工作,推动应急预案体系建设和预案演练"。应急管理部门在突发事件应对中具有综合优势、力量优势和专业优势,由应急管理部门协调应急预案衔接工作,能够推动应急预案管理更加规范。未来，各级应急管理部门要更加精准贯彻党中央、国务院决策部署，主动牵头、协调推动完善应急预案体系。

> **第六条【数据管理与技术应用】** 国务院应急管理部门统筹协调各地区各部门应急预案数据库管理，推动实现应急预案数据共享共用。各地区各部门负责本行政区域、本部门（行业、领域）应急预案数据管理。
>
> 县级以上人民政府及其有关部门要注重运用信息化数字化智能化技术，推进应急预案管理理念、模式、手段、方法等创新，充分发挥应急预案牵引应急准备、指导处置救援的作用。

◆ 条文主旨

本条是关于应急预案数据库建设与数据管理、运用新兴技术手段创新应急预案管理的规定。

◆ 核心概念

本条规定了应急预案数据库的建设，要求应急预案数据共享共用，并对县级以上人民政府运用信息化数字化智能化技术创新应急预案管理工作提出要求。

应急预案数据共享共用： 2014年，《国务院办公厅关于促进电子政务协调发展的指导意见》指出，要推进信息资源共享共用和数据开放利用。其中，共享共用包括各地区各部门在国家电子政务内网、外网平台上将可开放的信息资源普遍共享。应急预案数据共享共用，即构建包含全国各地区各部门的应急预案数据库，并将数据库资源向相关政府部门及有需求的单位开放使用。

信息化数字化智能化技术： 习近平总书记在2018年两院院士

《突发事件应急预案管理办法》解读

大会上的重要讲话指出:"世界正在进入以信息产业为主导的经济发展时期。我们要把握数字化、网络化、智能化融合发展的契机,以信息化、智能化为杠杆培育新动能。"信息化是信息资源的收集、聚合、分析和应用,数字化是通过数字技术整合推动管理流程集成为技术平台,智能化通过人工智能、大数据分析等技术手段,将各种数据和信息转化为有意义的知识和智能决策。

◆ **理解与适用**

本条是此次修订的新增条款,对应急预案的数字化信息化管理做出了具体说明。当前,数字技术迅速发展,移动互联网、大数据、云计算、人工智能、区块链、5G等新兴技术快速融入社会治理场景,在风险社会与数字时代的双重背景下,以数字技术的应用赋能应急管理,通过数字化智能化技术运用推动应急管理机制创新已经成为当前应急管理实践发展的新思路。2021年,应急管理部发布《关于推进应急管理信息化建设的意见》,提出"推动形成体系完备、层次清晰、技术先进的应急管理信息化体系"。本条是在适应现代信息技术发展的趋势、总结提炼有关地方数字化应急预案推进工作经验后,对应急预案数据库建设与信息化数字化智能化技术应用提出的要求。新修订《突发事件应对法》特别提出要完善党委领导、政府负责、部门联动、军地联合、社会协同、公众参与、科技支撑、法制保障的治理体系,将新兴技术融入突发事件应对工作成为重点方向。《突发事件应对法》第五十六条强调了国家对新兴技术应用与应急管理关键技术研发推广的鼓励支持。

本条第一款是关于应急预案数据库建设与数据管理的规定,要求从中央到地方应当建立应急预案数据库。突发事件场景的复杂性必然导致应急预案中的应急措施表述会使用大量具有弹性的表述,建立应急预案数据库需要将应急预案文本转换为计算机数据,这涉

第一章 总 则

及大量的半结构化或非结构化数据的转换，为应急预案数据库建设带来较大困难。如今，全国多地政府部门都根据自身业务需要和国家相关部委要求，建立了本部门的业务应用系统与数据库，其应急预案数据库建设以实现互联互通和资源整合为重点。但由于各部门应急预案针对风险预警、响应措施等规定的标准并不完全统一，部门协作机制不成熟等，导致数据量级呈指数型增长。统一的应急预案数据库仍在建设中，但面临着诸多数据与管理问题。本条第一款明确了由国务院应急管理部门统筹协调各地区各部门应急预案数据库管理，推动实现应急预案数据共享共用，这提升了应急预案数据库建设的管理层级，为破除应急预案数据库建设障碍提供了保障。同时，第一款还指出各地区各部门负责本行政区域、本部门（行业、领域）应急预案数据管理。

本条第二款要求重视数字技术在应急预案管理工作中的运用，提出县级以上人民政府及其有关部门要注重运用信息化数字化智能化技术，从而实现应急管理理念、模式、手段、方法等创新，充分发挥应急预案牵引应急准备、指导处置救援及恢复重建的作用。数字技术在应急预案管理中的运用首先可以实现应急预案管理的电子化，提升应急预案管理效率。例如，四川省彭州市作为应急管理部基层应急预案体系建设试点，建设了应急预案数字化管理平台，建立了预案的数字化编制和评审、签批、备案、培训演练等管理流程。此外，更深入地推动应急预案智能化可以实现对突发事件的态势研判，并自动生成应急处置方案，利用自评估系统对应急预案推演、突发事件处置全过程进行评估等。目前，我国一些地区已经开始推动数字化预案系统建设，如河北省作为全国首批 10 个"智慧应急"试点之一，建设数字化预案系统并将其与应急管理一张图结合，实现了预案可视化、指挥调度一体化、辅助决策智能化等目标。

第二章 分类与内容

第七条【预案类型】 按照制定主体划分,应急预案分为政府及其部门应急预案、单位和基层组织应急预案两大类。

政府及其部门应急预案包括总体应急预案、专项应急预案、部门应急预案等。

单位和基层组织应急预案包括企事业单位、村民委员会、居民委员会、社会组织等编制的应急预案。

◆ 条文主旨

本条是关于应急预案类型的规定。

◆ 核心概念

政府及其部门应急预案:《中华人民共和国宪法》第九十五条规定,省、直辖市、县、市、市辖区、乡、民族乡、镇设立人民代表大会和人民政府。政府及其部门应急预案纵向上包括省级应急预案、地市级应急预案、县区级应急预案和乡镇级应急预案,横向上包括总体应急预案、专项应急预案、部门应急预案。其中,乡镇人

第二章 分类与内容

民政府作为基层政府，治理规模有限，在预案类型上可以有所精简。

单位和基层组织应急预案：单位和基层组织应急预案的编制主体包括企事业单位、村民委员会、居民委员会、社会组织等。《突发事件应对法》第二十二条规定，居民委员会、村民委员会依法协助人民政府和有关部门做好突发事件应对管理工作；第二十三条规定，公民、法人和其他组织有义务参与突发事件应对工作。

◆ **理解与适用**

相较于2013版《办法》，本条将原本第六条、第七条的相关内容进行整合，使条文内容更加清晰。

本条第一款规定，按照制定主体，应急预案分为政府及其部门应急预案、单位和基层组织应急预案两大类，这是充分考虑了政府及其部门与单位和基层组织在应急工作中的分工明显不同。结合《办法》第八条至第十六条的相关规定，可以将应急预案按照主体和对象大致分为六类。

一、国家总体应急预案

国家总体应急预案是国家应对突发事件的总纲，指导全国突发事件应对工作。《国家突发公共事件总体应急预案》于2006年1月8日发布并实施，共六章，分别为总则、组织体系、运行机制、应急保障、监督管理和附则。目前，国家总体应急预案正在修订中。

二、国家专项和部门应急预案

国家专项应急预案主要是国务院及其有关部门为应对某一类型或某几个类型的特别重大突发事件而制定的涉及多个部门的应急预

案。国家部门应急预案是国务院有关部门根据总体应急预案、专项应急预案和本部门职责制定的应对某一类型突发事件或履行其应急保障职责的工作方案。当前，国家专项应急预案已经基本涵盖了可能发生的自然灾害、事故灾难、公共卫生事件和社会安全事件四大类，一些专项预案在国务院相关部门和各级地方政府部门的努力下，已经形成较为完备的体系。国务院各部门根据其职责分工编制了覆盖各行各业的部门应急预案，为各领域、各行业应急管理工作开展提供了指导。

三、地方政府应急预案

各级地方政府应急预案是区域性的应急预案，可以分为多个层次。全国各地都建立起了包括总体应急预案、专项应急预案、部门应急预案及乡镇等基层政府应急预案。此外，涉及跨流域、跨行政区域的突发事件，部分地区多个政府联合发布了联合应急预案。如北京市、天津市、河北省针对京津冀地区可能出现的跨区域突发事件或应急联动行动，共同制定了《京津冀冰雪灾害天气交通保障应急联动预案》等联合应急预案。另外，由于巨灾、重灾造成的社会危害性巨大，结合当地风险情况，一些地方政府制定了巨灾应急预案。巨灾应急预案多是一种特殊的专项应急预案，如四川省编制的《四川省暴雨洪涝巨灾应急预案（试行）》，能够作为有效防控极端强降雨造成灾害事故的指导依据。

四、基层组织应急预案

村、社区是突发事件的第一现场和第一道防线，村民委员会、居民委员会等基层自治组织应当制定突发事件先期处置的相关方案。基层组织应急预案应当突出简明、实用的特点，主要针对群众疏散撤离、自救互救等行动进行预先计划。

五、企事业单位应急预案

企事业单位根据有关法律、法规和标准,结合单位生产经营活动特点与风险隐患情况,对本单位应急准备、救援处置的行动制定相关预案。企事业单位应急预案主要是各单位应对突发事件的操作指南。目前,我国中央企业已经全部制定了相关应急预案,重点行业、重点领域的企业也全部编制了应急预案。

六、重大活动应急预案

举办文化体育等重大活动主办方应当制定应急预案。如2008年北京奥运会、2010年上海世博会、2022年北京冬奥会等重要活动,均编制了包括安保、交通、气象、医疗、反恐、疫情等多方面的应急预案。

◆ 实践难点与适用指引

一、政府及其部门应急预案

1. 现存问题分析

第一,对应急预案的约束力缺乏明确规定。从文本内容与制定程序等形式要素看,政府及其部门应急预案与相关政策文件的权威性一致,但从实际运行效果来看,由于缺乏对政府及其部门应急预案属性的明确规定,突发事件发生时,领导干部或置应急预案于不顾而依照个人经验进行决策,或盲目依循应急预案以规避法律责任。

第二,县级、乡镇人民政府对应急预案编制的重视程度不够。就政府及其部门应急预案的编制现状来看,国家级应急预案和省级应急预案质量较高、规范性较强;相比而言,县级、乡镇人民政府应急预案编制质量不高、流程不规范，部分地区存在畏难情绪和"等靠要"思想，工作应付了事，应急预案制修订不及时，甚至使用原来未经修订的应急预案来应付检查。

第三，政府及其部门应急预案同质化现象仍需加以重视。国家和省级应急预案的战略定位，市（地、区）、县级应急预案的战术定位，以及基层单位和专业应急力量应急预案的操作定位区分不明显。部分政府部门应急预案存在照抄上级应急预案的现象，未能结合本辖区灾害风险、应急资源（能力）情况编修应急预案，导致应急预案不规范，响应层级、响应行动不清楚，内容不贴合实际，责任不明确，针对性、可操作性不强等。

2. 实施及优化建议

第一，高层级政府应急预案内容的原则性、强制性通常强于操作性。因此，省级以下的低层级应急预案应该回归本位，实现其战术价值。

第二，各级政府及有关部门要将应急预案列入绩效考评的一项重要内容，明确责任，以评促建。同时，加大人才、资金支持，吸纳、选拔具备相关知识的专业人员或选调相关部门的工作人员参与应急预案的编制工作，邀请专家或者上级相关部门专业人员开展应急预案编写培训。

二、单位和基层组织应急预案

1. 现存问题分析

基层组织应急预案一定程度上存在重点内容不突出、操作性不强等问题。《办法》第十五条特别明确了基层应急预案应当结合实际灵活确定应急预案的形式、要素和内容，力求简明实用。目前，基层组织应急预案仅在形式上完成预案文本，预案整体不规范，内容错漏，其形式和内容都未体现出"个性化"。此外，基层往往存在一人兼多职、人员变动调整频繁等问题，很少由专人负责应急预案工作，导致基层应急预案体系建设质量不稳定，基层应急预案编、管、用、演的工作协同性不够，应急预案体系持续改进的系统性不强。

企事业单位应急预案覆盖率较高，但部分单位应急预案形式和内容大同小异，指导性强于实效性、规定性强于可操作性，且可读性较差。一些企事业单位应急预案的编制存在模板化现象，甚至几个单位应急预案的要素、响应流程几乎一模一样，缺乏针对性和实用性，突发事件发生后无法作为指导现场应急救援处置行动的参照，变成"抽屉预案""墙上预案"。

2. 实施及优化建议

第一，基层应急预案在符合总体制度要求的基础上，要讲究实用、实效，需要充分结合基层实际，完善应急预案编制内容。2023年，应急管理部印发的针对乡镇和村（社区）的基层应急预案编制参考，是应急预案编制规范化支撑体系的重要内容之一。在县级层面，由于各地经济社会发展水平和应急预案编制情况存在差异性，因此可由应急管理部出台总体规范，由各省级应急管理部门具体落实并形成相应的文件。此外，也可以考虑推出相应的培训课程、开通问题建议反馈渠道或组建指导组、工作组前往有实际需要的地区开展实地指导。尤其是在我国西部等欠发达地区，这样的实地指导将对其应急预案编制和管理水平起到重要推动作用。

第二，企事业单位应急预案编制，应基于生产经营活动的风险隐患调研分析，充分结合单位内部各部门职责，明确事故处理的程序、措施、任务以及相关保障。在此基础上，要根据"逐级介入"的原则，对各个层次的应急预案进行衔接，以保证各层次机构职责明确、界限清晰。另外，根据具体风险情景及紧急情况应对需要，还可以将"公司/机构概况""预案系统与连接"等内容加入应急预案中，使相关部门在紧急情况下能顺利地进行工作和沟通衔接。

> **第八条【总体预案】** 总体应急预案是人民政府组织应对突发事件的总体制度安排。
> 　　总体应急预案围绕突发事件事前、事中、事后全过程，主要明确应对工作的总体要求、事件分类分级、预案体系构成、组织指挥体系与职责，以及风险防控、监测预警、处置救援、应急保障、恢复重建、预案管理等内容。

◆ 条文主旨

本条是关于总体应急预案功能定位和内容构成的规定。

◆ 核心概念

突发事件分类分级：2024年《国家突发事件总体应急预案（送审稿）》第1.4条规定，突发事件分为自然灾害、事故灾难、公共卫生事件和社会安全事件。按照社会危害程度、影响范围等因素，突发事件分为特别重大、重大、较大和一般四级。

◆ 理解与适用

相较于2013版《办法》，本条将原第七条、原第八条中关于总体应急预案的规定单独列出，并增加了总体应急预案编制内容的规定。当前，总体应急预案的内容出现两种"极端"：一是总体应急预案的内容非常精炼，仅作原则上的指导，不能发挥应急预案作为突发事件应对方案的功能；二是总体应急预案的内容过于繁杂，制定的措施过于详细，使专项和部门应急预案编制的空间不足。因

第二章　分　类　与　内　容

此，此次修订增加了总体应急预案应当明确的内容，为各级人民政府编制总体应急预案提供了参考。

本条第一款明确了总体应急预案的功能定位，即作为应急预案体系总纲的纲领性地位、指引性作用。同时指出，人民政府是总体应急预案的制定主体。

本条第二款明确了总体应急预案的内容。总体应急预案围绕突发事件全过程，应当至少包括十项内容：总体要求、事件分类分级、预案体系构成、组织指挥体系与职责，以及风险防控、监测预警、处置救援、应急保障、恢复重建、预案管理等。

这里从政府及相关部门、基层组织、企事业单位和其他主体三个层面对本条规定进行逐一解读。

一、政府及相关部门

以《国家突发公共事件总体应急预案》《北京市突发事件总体应急预案（2021年修订）》《安徽省突发事件总体应急预案（2020）》等总体应急预案以及《省（区、市）人民政府突发公共事件总体应急预案框架指南》等政策文件作为参考，简要说明总体应急预案应包括哪些详细内容。

（1）总体要求：总体应急预案实施的工作原则，如以人为本，依法规范、职责明确，统一领导、分级负责，条块结合、以块为主，资源整合、信息共享，依靠科学、反应及时、措施果断，军民结合、公众参与等。

（2）事件分类分级：总体应急预案需要应对的突发事件主要类别，结合本行政区域内实际情况进行详细说明，以及根据各类事件演化及危害情况制定等级标准。

（3）预案体系构成：本行政区域应急预案体系管理级别、制定主体，以及每一主体应当制定的预案类型。

（4）组织指挥体系与职责：本行政区域各层级应急领导机构、指挥机构、日常工作机构及其职责、权限。以突发事件应对全过程为主线，明确每一环节的主管部门、协作部门、参与单位及其职责。

（5）风险防控：本行政区域内的风险管理体系，包括风险调查和评估制度、风险源与风险因素排查制度、风险信息共享与公开制度等。

（6）监测预警：本行政区域内突发事件的事前管理措施。监测工作包括监测信息获取、报送、分析、发布程序，行业、区域基础信息数据库建设，监测项目、设备设施和人员的明确；预警工作包括预警级别及其确定原则与条件、预警信息发布程序、预警响应工作要求与程序等。

（7）处置救援：本行政区域突发事件的应急处置等措施。明确各类突发事件等级标准、预案启动的级别及条件、相应级别指挥机构的工作职责和权限。具体包括信息报告、先期处置、应急响应、指挥协调、应急结束等内容。

（8）应急保障：本行政区域为了保证突发事件应急管理工作顺利进行的相关资源保障，包括人力、财力、物资、基本生活、医疗卫生、交通运输、治安维护、人员防护、通信保障、公共设施、科技支撑等。

（9）恢复重建：本行政区域突发事件的事后恢复措施，包括善后处置、社会救助、保险、调查与评估、恢复与重建等。

（10）预案管理：本行政区域内应急预案的制定、备案、演练、宣传、修订、培训、责任和奖惩等规定。

二、单位和基层组织

本条并未对企事业单位的总体应急预案制定做详细要求。2019

年修订的《生产安全事故应急预案管理办法》第六条明确指出，生产经营单位应急预案分为综合应急预案、专项应急预案和现场处置方案。其中，综合应急预案即生产经营单位总体类型的应急预案，是为应对各种生产安全事故而制定的综合性工作方案，在应急预案体系中起总纲作用。

本条也未对基层组织的总体应急预案制定做详细要求，但根据实际情况，基层组织也可以根据需要制定总体应急预案。基层组织的总体应急预案是针对辖区内各类突发事件应急工作安排的总纲，是辖区应急预案体系的指引参考。

三、其他主体

其他主体针对其工作需求，应当制定总体应急预案作为应急工作统筹协调的参考，如临时性活动组委会等主办单位以总体预案保障各部门有序运行，跨区域组织以总体预案协调各地区发挥作用等。

◆ **实践难点与适用指引**

一、政府及其部门应急预案

1. 现存问题分析

第一，总体应急预案修订不及时。2006年，《国家突发公共事件总体应急预案》发布后，各地区结合实际情况，陆续制定和发布了当地总体应急预案，为当时应急管理工作提供了有效指引。随着突发事件态势的变化，我国应急管理体系不断发展和完善，原预案逐渐暴露出了针对性和可操作性不强等问题。目前，国家总体应急预案正在修订中，多数地区的总体应急预案未进行及时修订，难以符合新形势下应急管理工作的需要。各地应根据国家总体应急预

《突发事件应急预案管理办法》解读

案修订的最新进展,开展相关修订及完善工作。

第二,总体应急预案存在内容同质化问题。通过浏览各级政府的总体应急预案内容,不难发现当前地方政府总体应急预案同质化极高,存在下级抄上级、同级相互抄袭,"上下一般粗,左右一般平"的现象。从地方政府应急管理工作的角度看,总体应急预案将上级预案直接照搬照抄作为本级预案的主体,以大量篇幅介绍各环节各方面的职责义务在本级机构中是如何分配的,其他的规定则以套话为主,既难以作为其他类型预案制定的参考范本,又无法对整体应急管理工作的统筹提供实质性指导,不能实现总体应急预案的目标功能。

第三,总体应急预案的编制内容有所缺失。在对目前各地区总体应急预案进行总结后可以发现,多数总体应急预案的编制内容有所缺失,特别是市(区)级及以下的总体应急预案表现得尤为明显。其中,风险防控是总体应急预案编制内容缺失最多的一项。此外,总体应急预案中的规定存在模糊处理的现象,如对突发事件的分类分级标准,一些地区的总体应急预案授权下级预案对分类分级标准进行具体规定,而其下级预案以"根据实际情况"一笔带过,缺失根据本行政区域突发事件应对实际情况制定的突发事件分类分级标准。

第四,总体应急预案没有对当地的风险灾害状况和应急救援限制性条件进行恰当评估。地方应急管理工作中缺乏系统性风险评估,直接导致对本行政区域内的风险隐患、致灾因子、应急资源等情况缺乏了解。地方政府在编制预案时既不清楚当地风险灾害的种类、性质、发生可能性、危害程度、发展机制等风险状况,又不掌握当地应急救援物资储备、人力编制、疏散场所、设备情况等限制性条件,导致总体应急预案在突发事件应对环节中无法提出针对性的措施,甚至出现内容无法落地的情况。

第二章 分 类 与 内 容

2. 实施及优化建议

第一,有效发挥应急预案的纲领性作用。总体应急预案应当给分散在不同部门、不同层级的预案提供一个纲领性指引,其整体的内容、结构、分级分类相应措施等是其他各类预案的示范。因此,总体应急预案应当保证其全面性、规范性、时效性。按照《办法》要求,总体应急预案应当至少包括十项内容,且总体应急预案中需要对这十项内容制定具体标准,从而让其他类型预案能够作为参照,得知编制中包括什么内容模块、如何制定相关规定等;总体应急预案应当明确整个应急预案体系的构成,说明这些预案分别由谁制定、何时发挥作用以及预案的管理方法,包括如何进行演练、评估、更新、修订、培训等,为应急预案管理工作提供规范的程序。同时,总体应急预案要根据突发事件的演变及应急管理工作的实践发展做出及时的更新,一方面与突发事件应对管理法律法规的变化步调一致,另一方面与应急管理新技术、新模式的发展速度一致,为其他类型预案更新提供依据。

第二,结合不同层级特点有的放矢地编制总体应急预案。面对复杂的应急工作形势和复合的灾害事故特性,总体应急预案作为应急预案体系的总纲领,制定过程中应当根据现实情境和主题情况,强调动态灵活性。地方总体应急预案与国家总体应急预案需要体现出"特性"与"共性"的关系,体现出不同层级的应急工作特点,而非预案文本的复制。国家总体应急预案是国家层面对整体应急工作的统筹实践安排;地方总体应急预案是地方政府对当地可能发生的突发事件应急工作的具体指导。因此,地方政府在编制当地总体应急预案时,应当充分考虑当地特点,在参照国家总体应急预案的基础上,有针对性地进行内容修改与细化,注重区域性和功能性。如,组织结构与职责可以根据地方人力设置与实际工作需求酌情进行删减;应急处置方式可以根据本地区的风险形势确定;对于突发

《突发事件应急预案管理办法》解读

事件等级标准与处置原则也可以依照对地方造成的危害影响进行调整。

第三，增强总体应急预案的可操作性。应急预案的制定目的是为应急管理工作实践提供策略与依据，总体应急预案作为整个预案体系的总纲，也不应当忽视其可操作性。在制定总体应急预案的过程中，要避免空话、套话、废话，要针对突发事件各环节制定科学、具体、可行的措施。应当在对当地实际情况进行充分评估，恰当地确定本区域内的灾害及风险状况，充分掌握本区域应急资源、应急救援队伍等相关保障资源的分布，以此为基础，编制总体应急预案。

二、基层组织

1. 现存问题分析

第一，忽视总体应急预案或从未制定总体应急预案。一方面，《办法》等文件中没有对基层总体应急预案做出具体要求；另一方面，基于公共安全问题的重要性和可见性，基层决策者往往较为重视专项应急预案，而忽视总体应急预案的功能和作用，这就导致基层组织在总体应急预案的制定上较为敷衍，甚至部分地区基层组织从未制定过总体应急预案。

第二，总体应急预案内容质量不高、作用发挥差。受到基层人员素质、技术水平、专业知识等多种因素限制，在没有上级政策文件具体要求的情况下，基层总体应急预案往往存在结构不合理、内容不齐全、重点不突出等问题。且基层工作人员对突发事件应急管理工作的要求认识比较模糊，无法从全局的高度考虑制定总体应急预案，照搬照抄上级预案，造成预案内容质量不高，预案作用发挥差。

2. 实施及优化建议

第一，明确基层组织总体应急预案的作用与功能。尽管基层组织的应急工作多针对特定事件进行具体处置，但基层总体应急预案的指导作用仍不容小觑。首先，总体应急预案是基层应急工作开展的总规，包括基层应急职责划分、基层应急力量储备、基层风险防范与应急流程等；其次，总体应急预案是提升基层应急能力的重要抓手，其为基层工作人员将上级的应急管理要求落到实处提供了路径；最后，总体应急预案是基层应急状态的兜底条款，一旦发生了专项应急预案未包含的突发事件，可以根据总体应急预案的规定先进行处置应对，以免出现混乱。

第二，提升基层总体应急预案的质量。基层组织总体应急预案的制定，应当从实践出发，坚持问题导向，开展风险评估，聚焦风险隐患，确保上下衔接，体现科学性、专业性、灵活性和可操作性。

三、企事业单位

1. 现存问题分析

企事业单位从事的生产经营活动具有专业性、复杂性等特点，潜在的风险种类多，可能发生各种类型的事故，但其在应急预案制定过程中，通常只考虑事故发生后的处置救援，且仅以具体的技术环节和事故类型为导向规划预案体系。多数企事业单位不明白总体应急预案编制的目的，不知道总体应急预案需要包含的内容，不知晓总体应急预案能够发挥的作用，对总体应急预案所需要纳入的风险因素未能进行充分评估，对已存在的危险源和事故隐患视而不见，使总体应急预案成为应付上级检查的"摆设"。

2. 实施及优化建议

企事业单位应把握住总体应急预案的综合性功能，认清总体应急预案的全过程性，对于生产经营活动来说，总体应急预案是防范化解风险的总纲领。总体应急预案需要具体清晰地表述本单位及所属单位应急预案组成和衔接关系，明确综合应急预案、专项应急预案和处置方案之间如何相互衔接；充分完整地体现出突发事件各环节，翔实具体反映出事前、事中、事后各个阶段由谁负责、有何资源；全面分析生产经营活动中可能存在的风险隐患及其诱因、影响范围、产生的后果等，为风险防范与处置救援提供参考。

四、其他主体

其他主体的总体应急预案需根据实际应急管理工作需要进行制定，要求具有较强的针对性与专业性，但又应当与专项应急预案区分开来。以2022年北京冬奥会为例，相关部门编制了《北京2022年冬奥会和冬残奥会城市运行保障总体方案》，将全市应急管理系统作为部署对象，考量了与冬奥会举办相关的天气、交通、安全生产、疫情防控等多方面问题。

第九条【专项和部门预案】 专项应急预案是人民政府为应对某一类型或某几种类型突发事件，或者针对重要目标保护、重大活动保障、应急保障等重要专项工作而预先制定的涉及多个部门职责的方案。

部门应急预案是人民政府有关部门根据总体应急预案、专项应急预案和部门职责，为应对本部门（行业、领域）突发事件，或者针对重要目标保护、重大活动保障、应急保障等涉及部门工作而预先制定的方案。

◆ **条文主旨**

本条是关于专项应急预案和部门应急预案概念及定位的规定。

第二章 分 类 与 内 容

◆ **核心概念**

重要目标保护：军事设施、核设施、危险化学品生产储存设施设备、油气管道、铁路线路、重要电力设施等重要目标应当在突发事件情境下得到特殊保护，重要目标的主管单位应当制定专项应急预案。

应急保障：政府应急管理体系为有效开展应急活动，保障体系正常运行所需要的人力、物力、财力、设施、信息、技术等各类资源的总和。

◆ **理解与适用**

相较于 2013 版《办法》，本条将原第七条关于专项和部门应急预案的规定独立成条，逻辑性更清晰。

本条第一款明确了专项应急预案的概念及定位。专项应急预案是针对某一类型或某几种类型突发事件应对的预先方案，对象非常明确，对应的责任主体和应对措施也非常具体，如各类自然灾害专项应急预案、生产安全事故应急预案等。此外，还有针对重要目标保护、重大活动保障、应急保障等专项工作的专项应急预案。专项应急预案通常会涉及一些针对性很强的具体措施，往往涵盖多个部门的职责，以便在特定情况下能够有效应对，减少损失。

本条第二款明确了部门应急预案的概念及定位。部门应急预案是政府各有关部门为应对以本部门（行业、领域）为主处置某种类型突发事件，制定的本部门应对突发事件的预先方案，只涉及本部门的工作职责，其制定需要以总体应急预案和专项应急预案为依据。此外，还有涉及重要目标保护、重大活动保障、应急保障等部门工作的部门应急预案。

《突发事件应急预案管理办法》解读

◆ 实践难点与适用指引

一、现存问题分析

第一,专项应急预案涉及的多部门联动机制不畅,部分地区专项应急预案与部门应急预案区分模糊。专项应急预案与部门应急预案的衔接往往涉及政府部门内外部的衔接,即部门应急预案主要针对部门内部的突发事件应急管理工作安排,而专项应急预案一般由某一牵头部门或专项指挥部制定,是外部对本部门的突发事件应急管理工作安排。部分地方政府在编制专项应急预案时,可能未充分征求部门意见也没有对部门应急资源、应急能力展开充分调研,导致在专项应急预案中规定的部门应急行动超出了该部门实际能力,实际应急措施无法落实。

第二,某些专项应急预案在当前灾害相互叠加、综合风险较高的形势下,难以应对复杂灾害链造成的系列经济社会破坏性影响。专项应急预案明确了某一类或某几类突发事件应对的准则和规范,有利于应急管理人员有序防范化解该类突发事件风险。但实际上,当前各类突发事件往往会造成多种风险情境的叠加,使得专项应急预案中对突发事件次生衍生风险态势的评估和预判尚有不足。

第三,部门应急预案与专项应急预案的功能区分不明。多数政府部门认为部门应急预案作为内部文件可有可无,或仅按照专项应急预案规定的相应内容照抄照搬,难以发挥部门应急预案的实际功能。启动应急预案对突发事件应对来说,是将提前部署好的措施予以落实、对应急资源予以整合。突发事件的应对中涉及多个部门,其职责不是一个部门能够承担的,但仅以专项应急预案中的规定,难以指导所有部门在突发事件应对中都能做出准确、快速的反应,各个部门也应当发挥各自部门应急预案的作用,明确部门应该承担的责任和发挥的作用。

二、实施及优化建议

第一，深化部门间应急协同机制，完善部门职责分工。明确各部门在突发事件应对中的事权划分，形成启动机制、指挥机制、协同响应任务机制和协同保障机制等应急预案运行的机制体系。在应对突发事件时，需要按照事件类别保障牵头部门的权威性，以牵头部门的指挥为指引，增强其协调能力，明确各突发子事件的牵头部门与协调部门，在接到突发事件报告并明晰工作任务后，各部门按部就班、井然有序地应对突发事件，细化各部门的职责分工，形成畅通无阻的部门协同联动关系，整体上优化突发事件的部门治理体制。

第二，以情景构建为基础提升专项应急预案的风险化解和处置功能，明确专项应急预案面向的突发事件类型及可能导致的次生灾害、衍生灾害。面临纷繁复杂的突发事件风险，需要利用风险评估、风险分析、情景模拟等技术手段科学分析风险情景，制定重大风险清单，在此基础上完善应急预案体系，按照复杂风险情境处置要求统筹协调应急资源需求，合理安排部门工作。

第三，明确部门应急预案功能保障体系。各有关部门按照部门职责，开展相关部门应急预案的起草与实施，组织协调风险防控、应急准备、监测预警、恢复与重建工作，为应对突发事件提供资源支持，落实专项应急预案或部门应急预案，做好相关突发事件应对工作。

第十条【专项和部门预案内容】 针对突发事件应对的专项和部门应急预案，主要规定县级以上人民政府或有关部门相关突发事件应对工作的组织指挥体系和专项工作安排，不同层级预案内容各有侧重，涉及相邻或相关地方人民政府、部门、单位任务的应当沟通一致后明确。

国家层面专项和部门应急预案侧重明确突发事件的应对原则、组织指挥机制、预警分级和事件分级标准、响应分级、信息报告要求、应急保障措施等，重点规范国家层面应对行动，同时体现政策性和指导性。

省级专项和部门应急预案侧重明确突发事件的组织指挥机制、监测预警、分级响应及响应行动、队伍物资保障及市县级人民政府职责等，重点规范省级层面应对行动，同时体现指导性和实用性。

市县级专项和部门应急预案侧重明确突发事件的组织指挥机制、风险管控、监测预警、信息报告、组织自救互救、应急处置措施、现场管控、队伍物资保障等内容，重点规范市（地）级和县级层面应对行动，落实相关任务，细化工作流程，体现应急处置的主体职责和针对性、可操作性。

◆ 条文主旨

本条是关于针对突发事件应对的专项和部门应急预案的内容、不同层级专项和部门应急预案内容侧重的规定。

◆ 核心概念

预警分级：根据2024年《国家突发事件总体应急预案（送审稿）》3.2.2关于预警的规定，预警级别用红色、橙色、黄色、蓝色表示。预警级别的划分标准由国务院或者国务院确定的部门制定。

第二章　分　类　与　内　容

突发事件分级：根据 2024 年《国家突发事件总体应急预案（送审稿）》1.4 关于突发事件分级的规定，突发事件分为特别重大、重大、较大和一般四级。突发事件具体分级标准由国务院有关部门负责拟订并报国务院审定。

应急响应分级：根据 2024 年《国家突发事件总体应急预案（送审稿）》3.3.2 关于响应分级的规定，国家层面应急响应级别由高到低分为一级、二级、三级、四级，具体启动条件和程序在有关专项应急预案和部门应急预案中予以明确。地方各级党委和政府应当按照有关规定并结合实际情况细化确定本地区响应级别的划分。

◆ 理解与适用

相较于 2013 版《办法》，本条将原第八条专项和部门应急预案的内容进行提炼，增加了专项和部门应急预案的内容侧重和多部门沟通的规定。这进一步明确了专项和部门应急预案的定位，同时强调了专项和部门应急预案之间的协调性与衔接性。

本条第一款是对专项和部门应急预案内容编制的总体安排，规定了县级以上人民政府或有关部门在突发事件应对工作中的组织体系和针对性工作安排，且明确指出不同层级应急预案内容应各有侧重，在内容编制时应当与相邻或相关地方人民政府、部门、单位沟通一致。

本条第二款、第三款、第四款分别针对国家层面、省级、市县级的专项和部门应急预案内容侧重进行了详细说明，特别强调了各级专项和部门应急预案仅规范本级别的应对行动。

一、国家层面专项和部门应急预案

应当体现政策性和指导性，凸显国务院及其部门对行政体系内的各领域、各行业发挥的宏观把控功能。具体内容需要明确突发事件的应对原则、组织指挥机制、预警分级和事件分级标准、响应分级、信息报告要求、应急保障措施等。以《国家防汛抗旱应急预案（2022）》为例，详细说明专项应急预案的内容侧重。

（1）应对原则：如统一领导、协调联动，分级负责、属地为主；安全第一、常备不懈，以防为主、防抗救相结合；因地制宜、城乡统筹，统一规划、局部利益服从全局利益；科学调度、综合治理，除害兴利、防汛抗旱统筹。

（2）组织指挥机制：针对某一类或某几类突发事件应对，应当成立专门指挥部，明确各组织机构的职责、权力和义务。如防汛抗旱组织指挥体系包括国家防汛抗旱总指挥部、流域防汛抗旱总指挥部、地方各级人民政府防汛抗旱指挥部和其他防汛抗旱指挥机构。

（3）预警分级和事件分级标准：目前，我国一般将各类突发事件分为特别重大、重大、较大和一般四个级别，主要分级依据是事件后果方面的因素，如造成损失、危害程度、可控性和影响范围等。不同种类的突发事件分级标准不同，各类突发事件的分级标准在相应国家层面专项应急预案、部门应急预案中予以明确。国家层面专项应急预案应当对事件分级作出明确划分，明确预警级别的确定原则、信息的确认与发布程序等，为地方专项应急预案提供标准参照。

（4）响应分级：为了科学合理调配使用应急资源、有利于开展应急处突工作，特定层级的政府或其部门应急预案一般根据应对突发事件需要调动的资源和能力情况，设定不同应急响应级别。但需要注意的是，响应分级与分级响应有所不同：分级响应是将事件等级与响应等级直接对等关联起来，一般认定特别重大、重大、较大和一般事件分别应由国家、省、市、县级政府负责应对，相应地分别启动一级、二级、三级、四级响应；响应分级是 2013 版《办法》中首次提出的概念，是对应急响应是否分级、如何分级、如何界定分级响应措施等的标准。国家层面专项应急预案应当明确应急响应的级别划分标准。如《国家防汛抗旱应急预案（2022）》明确了按洪涝、干旱、台风、堰塞湖等灾害严重程度和范围，将应急响应行动分为一级、二级、三级、四级。

（5）信息报告要求：国家层面专项应急预案需要对预警预报及突发事件发生后的信息报送和处理规范进行明确。

（6）应急保障措施：包括通信与信息保障、应急支援与装备保障、技术保障等各种突发事件应对过程中可能需要的应急资源。

二、省级专项和部门应急预案

应当体现指导性和实用性，与地方风险情况、应急资源总体情况相结合，面向地方突发事件应对处置进行因地制宜的安排。其中，具体内容需要明确突发事件的组织指挥机制、监测预警、分级响应及响应行动、队伍物资保障及市县级人民政府职责等。以《安徽省防汛抗旱应急预案（2022）》为例，详细说明专项应急预案的内容侧重。

（1）组织指挥机制：如省防汛抗旱指挥部及职责、省防汛抗旱指挥部办公室及职责、省防汛抗旱指挥部专项工作组、市县防汛抗旱指挥部、基层防汛抗旱指挥机构、现场抢险救援指挥机构。

（2）监测预警：确定信息监测方法与程序，建立信息来源与分析、常规数据监测、风险分析与分级等制度。按照早发现、早报告、早处置的原则，明确影响范围、信息渠道、时限要求、审批程序、监督管理、责任制等。

（3）分级响应及响应行动：省级专项应急预案应根据国家层面规定的分级标准，结合当地实际情况，按照突发事件严重程度和范围划分四级应急响应，阐明突发公共事件发生后通报的组织、顺序、时间要求、主要联络人及备用联络人、应急响应及处置过程等。

（4）队伍物资保障：应急队伍、装备调度、应急资源统筹安排等。

（5）市县级人民政府职责：市、县人民政府设立专项指挥部，在上级防汛抗旱指挥机构和本级党委、政府的领导下，负责组织、指挥、协调、指导、监督本行政区域内突发事件应对工作。

三、市县级专项和部门应急预案

应当体现应急处置的主体职责和针对性、可操作性，需要具体规定在突发事件应对的每个环节各主体应当采取的具体措施，体现应急管理任务的落实落地。其中，具体内容需要明确突发事件的组织指挥机制、风险管控、监测预警、信息报告、组织自救互救、应急处置措施、现场管控、队伍物资保障等。

◆ **实践难点与适用指引**

当前，专项和部门应急预案存在的主要问题是针对性和可操作性不强。特别是地方人民政府在编制专项应急预案之前，未能对本地区灾害风险、应急资源（能力）情况进行充分调研评估，仅依照上级预案照搬照抄，导致应急预案不规范，响应层级、响应行动不清楚，内容不贴合实际，责任不明确，针对性和可操作性不强。

专项和部门应急预案需要在编制修订中结合应急管理工作实际尽量避免措施规定的形式主义。各地区在修编应急预案前，要结合各地的第一次全国自然灾害综合风险普查和日常隐患排查情况，认真组织开展灾害风险辨识和评估，根据风险评估情况修编预案，提高预案的科学性、适用性、针对性和可操作性。要突出预警、信息传递和组织群众转移避险等响应机制的实用性和有效性。

第十一条【特殊专项和部门预案】 为突发事件应对工作提供通信、交通运输、医学救援、物资装备、能源、资金以及新闻宣传、秩序维护、慈善捐赠、灾害救助等保障功能的专项和部门应急预案侧重明确组织指挥机制、主要任务、资源布局、资源调用或应急响应程序、具体措施等内容。

针对重要基础设施、生命线工程等重要目标保护的专项和部门应急预案，侧重明确关键功能和部位、风险隐患及防范措施、监测预警、信息报告、应急处置和紧急恢复、应急联动等内容。

◆ 条文主旨

本条是关于起保障功能及重要目标保护的专项和部门预案的内容侧重的规定。

◆ 核心概念

基础设施：是指为社会生产和居民生活提供公共服务的物质工程设施，是用于保证国家或地区社会经济活动正常进行的公共服务系统。基础设施包括交通、邮电、供水供电、商业服务、科研与技术服务、园林绿化、环境保护、文化教育、卫生事业等市政公用工程设施和公共生活服务设施等。

生命线工程：是指维持城市生存功能系统和对国计民生有重大影响的工程，主要包括供水、排水系统的工程，电力、燃气及石油管线等能源供给系统的工程，电话和广播电视等情报通信系统的工程，大型医疗系统的工程，以及公路、铁路等交通系统的工程，等等。

《突发事件应急预案管理办法》解读

◆ 理解与适用

相较于 2013 版《办法》，此次修订做了两处修改：一是将原第八条中关于重要目标物保护的专项和部门应急预案相关规定单独列为一条，并对其原内容进行了细化，强调了需要明确关键功能和部位，使重要目标保护的专项和部门应急预案编制更具针对性；二是增加了对提供保障功能的专项和部门应急预案的规定。应急处置救援行动的顺利开展离不开通信、交通运输、物资装备、医疗、能源等的应急保障，以往针对应急保障多制定行动方案，难以形成体系化的制度规定与操作标准。此次修订增加了对提供保障功能的专项和部门应急预案的规定，贯彻落实了加强应急资源储备与应急基础设施建设的基本要求，真正做到"功夫在平时"。

本条第一款是关于为突发事件应对工作提供保障功能的应急预案的规定，如通信、交通运输、医学救援、物资装备、能源、资金以及新闻宣传、秩序维护、慈善捐赠、灾害救助等应急预案，指明此类应急预案应当侧重明确组织指挥机制、主要任务、资源布局、资源调用或应急响应程序、具体措施等内容。如《某县通信保障应急预案》在编制目的中指出，该预案应当建立健全县通信保障（含通信恢复，下同）应急工作机制，满足突发情况下通信保障工作需要，确保通信安全畅通，以提高某县政府部门及基础电信运营企业处置重大突发事件的能力。

本条第二款对重要基础设施、生命线工程等重要目标保护的专项和部门应急预案进行内容安排。其中，城市燃气、排水、桥梁、热力、供水、综合管廊等系统是满足群众生产生活需要的重要基础设施，是维系城市正常运行的生命线。重要目标保护的应急预案主要面向基础设施和生命线工程可能出现的各类破坏性事件，侧重明确关键功能和部位、风险隐患及防范措施、监测预警、信息报告、

第二章 分 类 与 内 容

应急处置和紧急恢复、应急联动等内容,起作用在于迅速恢复基础设施和生命线工程的正常功能。如《某市大面积停电事件应急预案》旨在高效、有序地应对大面积停电事件,建立健全大面积停电事件应对工作机制,提高应对效率,最大限度减少大面积停电事件造成的损失和影响,维护某市社会稳定和人民群众生命财产安全。

◆ 实践难点与适用指引

一、现存问题分析

第一,对极端风险场景预估不足,难以应对突发事件的严峻态势。提供保障功能及重要目标保护的专项和部门应急预案难以破除常规专项和部门应急预案的编制思路,以常规灾害事故情景制定应急处置措施,对于保障功能、重要基础设施和生命线工程保护的超前考虑不足。如提供保障功能的专项和部门应急预案仅以保障部门的角度考虑突发事件应对中的保障措施,忽略了在极端突发事件发生后,相应条件受到破坏的情景下保障功能是否能够得以实施;重要基础设施和生命线工程保护的专项和部门应急预案未对冲击力极强、城市系统遭到结构性破坏后的极端场景进行设想,也为充分考虑在不能恢复重要基础设施和生命线工程功能的情况下,如何保障城市系统的运行。

第二,实时风险隐患监测预警与未来风险态势研判预测的结合不够。当前,已有城市实施风险源"前端感知"工程,通过自然灾害监测信息、安全领域物联感知等新技术,全面监控预警城市系统正常运行的保障设施、基础设施和生命线工程。技术感知监测的数据与应急预案内容编制的结合不足,囿于技术手段、数据语言与政策文本的转换存在困难,专业技术人员短缺等问题,各类风险隐

《突发事件应急预案管理办法》解读

患数据不能很好地转化为面向未来突发事件应急处置措施的应急预案文本。

二、实施与优化建议

第一，优化完善提供保障功能及重要基础设施保护的专项和部门应急预案。对于基础设施优化，要全面而不是片面、系统而不是零散、动态而不是静止地看待和分析问题。要更好地发挥保障功能、基础设施和生命线工程保护作用，就要在对基础设施运营现状进行科学量化评估的基础上适度超前，通过引入巨灾异地备份等技术，充分考量极端风险冲击，确保关键保障功能和基础设施能够正常运行。同时，吸取河南郑州"7·20"特大暴雨灾害等极端灾害事故经验教训，统筹考虑超大型城市应急管理保障及重要基础设施和生命线工程保护的特点，减小城市规模巨大、功能复杂产生的灾害脆弱性。

第二，加强应急管理保障、重要基础设施和生命线工程保护等相关领域的资金、人才、技术投入。坚持目标导向和结果导向，按照全主体、全周期、全过程的风险管理理念，利用数字孪生、态势仿真等技术，将风险隐患监测预警数据与应急预案处置措施规划相结合，增强应急预案处置措施的科学性、针对性和前瞻性，实现城市安全风险早研判、早预警、早发现、早处置。

第十二条【重大活动预案】 重大活动主办或承办机构应当结合实际情况组织编制重大活动保障应急预案，侧重明确组织指挥体系、主要任务、安全风险及防范措施、应急联动、监测预警、信息报告、应急处置、人员疏散撤离组织和路线等内容。

第二章　分类与内容

◆ **条文主旨**

本条是关于重大活动保障应急预案的规定。

◆ **核心概念**

重大活动：国家档案局2020年发布的《重大活动和突发事件档案管理办法》规定，重大活动是指在中华人民共和国境内外组织举办的，对党和国家、行业、地方具有重大意义或者重要国际影响的会议、会展、赛事、纪念、庆典等大型活动。

◆ **理解与适用**

相较于2013版《办法》，此次修订做了两处修改：一是将原第八条中关于重大活动保障预案的规定单独列为一条，并将原规定中重大活动保障的专项和部门应急预案扩展为重大活动应急预案。二是对重大活动应急预案的内容做了更为详细的说明，增加了组织指挥体系、主要任务、应急联动、人员疏散撤离组织和路线等内容。重大活动举办过程的应急管理工作既需要活动举办地人民政府及其部门负责，又需要活动主办方或组委会有所准备。重大活动作为相对复杂的公共性活动，具有参与人数多、社会影响力大、非常规聚集等特点。此次修订突出了重大活动应急预案作为一个独立的应急预案类型，而不仅仅是政府及其部门的专项应急预案或部门应急预案。

政府及其部门编制的专项和部门应急预案可以看作是常态化应急预案，重大活动应急预案则与常态化应急预案有一定差异。一是政治标准和危害程度的不同。重大活动往往具有特殊政治意义，而且筹备期长、活动持续时间集中，重大活动期间发生突发事件造成的社会稳定性风险更大，可能出现小事件大影响的情况，防范控制措施要求更实、更严。二是保障要素和保障要求的不同。重大活动保障的要求更高,必须坚持"精益求精、万无一失"的理念,应急指挥要更加高效精准,应急处置措施要更加细化有效,应急保障要更加可靠有力,采取超常规的保障。三是响应层级和响应要求的不同。常态化应急预案响应层级较多,程序性比较强。而重大活动应急响应更强调高效性,一般应急响应层级较少,通过简化程序来提高应急处置的效率。四是部门联动与力量使用的不同。重大活动应急预案的保障措施要求更加具体精准,要围绕潜在的风险、可能的突发情况而做好准备,配置最好队伍、最强措施、最有力保障,强化联动、强化协同。如2008年北京奥运会、2022年北京冬奥会均制定了涵盖各类突发事件的应急预案,包括组委会制定的保障奥运会顺利举办的应急预案、北京市地方政府制定的奥运会期间保障应急预案以及各地人民政府制定的奥运会期间社会安全事件应急预案等。

因此,重大活动应急预案应当具有两方面的功能:一是保障重大活动顺利进行;二是理清重大活动风险状况,指导活动主办方提前采取风险防范措施,尽可能避免重大活动出现突发事件造成社会损失。因此,本条明确规定,重大活动应急预案的内容应当侧重于组织指挥体系、主要任务、安全风险及防范措施、应急联动、监测预警、信息报告、应急处置、人员疏散撤离组织和路线等。

◆ **实践难点与适用指引**

一、现存问题分析

第一,重大活动应急指挥体系易衔接不畅。分工明确、层次分明、职责清晰的应急指挥体系是做好重要活动应急保障工作的重要基础。从近年来我国几个重大活动的情况来看,重大活动的筹备机构往往也是应急指挥机构，如何迅速进行平战转换，要求重大活动筹备机构在平时就进行应急处置相关演练。目前，我国国家层面举办的重大活动尚未出现安全事故，但上海外滩"12·31"踩踏事件、韩国首尔"10·29"踩踏事件等教训，仍反映出部分重大活动存在平时演练不充分、应急处置不及时不妥当等问题，其根本原因是重大活动应急指挥体系衔接不畅，应急指挥机构专业性不足。

第二，重大活动应急"指挥部"与常态化应急机构的关系有待明确。以北京冬奥会为例，为保障冬奥会顺利举办，北京市、张家口市与奥组委均制定了一系列应急预案，需要注意的是，奥组委制定的应急预案与北京市政府制定的应急预案，在指挥机构上存在一定区别。冬奥会等国家级重大活动的级别比较高，指挥机构在国家层面予以明确，不存在矛盾。其他层级相对较低但仍属于重大活动的，按照规定由活动主办或承办机构编制的应急预案，如何与活动所在地人民政府指挥机构进行衔接协同，需要进一步予以明确。

第三，重大活动风险评估需要更加精准科学。大型活动风险往往是通过梳理筹备、进行、撤出等全流程而评估出来的，重点聚焦于活动进行期。每一次重大活动都不尽相同，风险评估的方法也比较多，但是风险评估主要是通过经验判断和头脑风暴的方法开展，容易出现风险评估细化和量化不足的问题，缺乏科学性、严谨性。

二、实施与优化建议

第一，重大活动应急预案应当做好应急指挥体系的顶层设计。一方面，在筹备初期科学设置工作机构，明确筹备工作机构与应急指挥机构的一体化运行、平战转换，做好"平时"筹备工作与"战时"保障工作的衔接，形成清晰的应急处置脉络。另一方面，理清"指挥部"与常态化应急机构的关系，在突发事件处置方面有一个边界，明确处置的范围和权限，形成常态化应急机构对

"指挥部"全力支撑的格局,并在"战时"转换职能,依托常态化应急机构建立起现场指挥部,统筹突发事件处置的全局工作。

第二,加强重大活动应急演练与处置流程推演。重大活动流程复杂,如果应急处置措施和流程不清楚,极易导致突发事件脱离掌控范畴。因此,重大活动应急机构应当在筹备期做好各项应急演练,特别是对于突发事件信息传递、应急指挥指令传达、应急措施执行等,必须做到更快、更准、更清晰。

第三,扎实做好重大活动风险评估工作。风险评估是应急预案编制的重要基础和前提。但是当前风险评估的人为主观性比较强,风险基本上是通过评估小组构建全流程活动情景而评判出来的。建议建立一套适合重大活动风险评估的方法或指南,用"显微镜"来发现风险,把问题想得更细一些,用"放大镜"来评估后果,把危害后果想得更严重一些,精准研判风险,使得风险评估更加具有科学性、准确性,且符合实际,为预案制定和风险防范处置措施制定奠定坚实的基础。

第四,科学制定有效的应急处置和保障措施。应急处置措施是一个应急预案的核心内容。应急处置一般包括信息报告、先期处置、应急响应、指挥协调等内容。鉴于重大活动应急预案与常态化应急预案有不同之处,重大活动的应急处置措施要更有实操性,做到"拿起来可指挥,落下来可处置"。保障措施要有力,以大概率思维应对小概率事件,拿出实招、真招,用强有力的措施将风险化解在源头,把突发事件消灭在萌芽状态或者控制在很小范围内,避免事态扩大升级和产生其他危害影响。

第十三条【联合预案】 相邻或相关地方人民政府及其有关部门可以联合制定应对区域性、流域性突发事件的联合应急预案,

第二章　分　类　与　内　容

> 侧重明确地方人民政府及其部门间信息通报、组织指挥体系对接、处置措施衔接、应急资源保障等内容。

◆ **条文主旨**

本条是关于应对区域性、流域性突发事件的联合应急预案的规定。

◆ **核心概念**

区域性突发事件："区域"最基本的含义是地区范围。我国主要是从两个方面来划分区域，一是地理结构的分布，二是行政区划层级的覆盖面。区域性突发事件是指发生范围或影响范围跨越行政区域的突发事件。

流域性突发事件："流域"是指由分水线所包围的河流集水区。流域性突发事件是指一个流域内发生的，需要上下游多个地方政府及其有关部门联合应对的突发事件，如洪水灾害、水污染事件等。

◆ **理解与适用**

河南郑州"7·20"特大暴雨灾害等非常规突发事件，具有多点并发、强度增大、多灾叠加的特点，多数地区难以独立处置，为此本条针对区域性、流域性突发事件，规定相邻或相关地方人民政府及其有关部门可以制定联合应急预案。相较于2013版《办法》，此次修订将原第七条、原第八条中关于联合应急预案的内容提炼为独立一条，使预案体系的逻辑性更清晰，同时也强调了联合应急预案的重要性。

本条明确了联合应急预案的内容应当侧重于地方人民政府及其

部门间信息通报、组织指挥体系对接、处置措施衔接、应急资源保障等。

2022年，京津冀应急管理部门以"京津冀救灾物资协同保障联席会议"名义联合印发了3个制度性文件，即《京津冀救灾物资协同保障联席会议制度（试行）》《京津冀救灾物资协同应急保障预案》和《京津冀毗邻地区救灾和物资保障互助合作指南》。其中，《京津冀救灾物资协同应急保障预案》作为京津冀地区应急物资保障的联合应急预案，其内容着眼于跨区域应急协同机制建设，可以作为联合应急预案的编制参考。《京津冀救灾物资协同应急保障预案》明确了三地省（市）级应急、粮储部门和毗邻地区市（区）级应急、物资储备管理部门的工作职责，明确三地在信息通报、库存摸底、调运热备等方面的应急准备措施，设立三地省（市）和毗邻地区市（区）两级应急响应，并分级明确应急响应措施，明确物资回补、协作评估等善后工作和储备布局、信息共享、人才培养等保障措施，明确预案修订、预案培训、预案演练相关要求等。

◆ **实践难点与适用指引**

一、现存问题分析

第一，应急预案以行政区划单元制定，区域间协同能力较差。当前，应急预案的编制是以行政区划为单元各自开展的，区域之间的资源、信息、人力、技术等无法得到有效调配和使用。一旦需要跨区域调动应急人员和物资，只能组建临时性的应急指挥机构，资源和信息在短时间内难以实现及时整合，容易造成应急处置反应速度慢、应变能力差等问题，贻误应对处置的黄金时机。

第二，跨区域应急平台建设有待强化，跨域灾害信息共享机制待健全。跨域灾害应急联动是一项极其复杂的工作，要求在灾害监测、预警、评估、控制、响应和恢复救助等方面都要有操作性强的技术、设备和工具等的支持。由于跨域灾害应急管理涉及不同区域的多个主体，信息不能有效共享是常见问题之一。灾害发生后，一方面不同地区、不同部门间在客观上存在的信息不对称造成了信息的封闭，另一方面政府或部门间广泛存在的本位主义、地方主义和部门主义等狭隘理念也阻隔了信息在相关区域间的有效流通。

二、实施与优化建议

第一，根据需要设立跨区域应急指挥机构，协调多部门、多地区开展高效应急处置行动。建议在现有应急指挥体系基础上，根据需要设置可以统筹协调指挥的跨区域应急指挥机构，在重特大突发事件发生时，作为领导指挥部，负责领导与协调相关部门、相关地区开展相应的应急处置工作，随时根据事态变化进行分析、判断、决策，准确并适时地向公众发布事件进程和处置措施，以有效维护公共安全和社会稳定。加强研究，完善多部门、多地区协同联动的突发事件应急预案，推进形成区域应急联动的长效机制。

第二，加强应急管理数据中心建设，构建覆盖全国的应急管理数字化平台。依靠大数据技术构建覆盖全国的应急管理数字化平台，提升信息共享效率，整合现有资源，建立联动响应机制。横向联通地震、消防、水利、森林、卫健等部门的应急救援信息渠道，纵向打通省、市、县各级应急管理机构的信息传递链路，实现信息共享共用，提升指挥决策能力。根据突发事件类型、规模及时自动生成跨区域人员装备调配方案及应急处置方案，实现备战救助人员、储备物资及各类资源的跨区域及时派发和调配，增强应急响应及时性，提升应急救援实战能力。

《突发事件应急预案管理办法》解读

> **第十四条【巨灾预案】** 国家有关部门和超大特大城市人民政府可以结合行业（地区）风险评估实际，制定巨灾应急预案，统筹本部门（行业、领域）、本地区巨灾应对工作。

◆ **条文主旨**

本条是关于巨灾应急预案的规定。

◆ **核心概念**

巨灾：对生命财产造成极其严重损失，对区域或国家经济社会产生极其严重影响的巨型灾害，具有发生概率低、多种伤害叠加、后果非常严重等特点。

◆ **理解与适用**

通过分析"5·12"汶川特大地震、天津港"8·12"特别重大火灾爆炸事故、新冠病毒感染疫情、河南郑州"7·20"特大暴雨灾害等重大极端突发事件应对的经验教训可知，当前应急预案体系对极端巨灾风险情景的应对尚有不足。本条是《办法》此次修订的新增条款，要求国家有关部门和设区的市级以上地方人民政府等主体应当结合风险实际，制定巨灾应急预案，以应对小概率、高风险、超常规的极端灾害事故，更好地保障人民的生命财产安全。本书从政府及相关部门、基层组织、企事业单位和其他主体三个层面，对本条规定进行逐一解读。

一、政府及相关部门

巨灾应急预案应当明确一段时间内巨灾风险管理的目标。目前，广州市制定了《广州市处置自然灾害类、事故灾难类极端突发事件应急预案》（以下简称广州市巨灾预案），其结合广州市突发事件实际，规范了地震、台风、暴雨洪水、海上交通事故等10种灾害事故的应急处置工作，弥补了现有专项应急预案的不足。本书以广州市巨灾预案为参考，说明巨灾应急预案需要包含的具体内容。

巨灾应急预案需要对极端灾害事故的标准进行规范。广州市巨灾预案根据广州市突发事件实际，参考有关学术研究成果，制订了地震、台风、暴雨洪水、森林火灾、危险化学品事故、建筑工程事故、人员密集场所火灾事故、填埋场事故、海上交通事故、铁路交通事故等极端灾害事故标准，并建立了相应的响应处置机制。

巨灾应急预案需要建立处置极端灾害事故的指挥机制。巨灾情景下对灾害事故的应急工作往往需要集中地区全部力量，甚至需要上级领导部门指导、其他地区力量支援，其处置应对工作更为复杂。广州市巨灾预案规定在极端灾害事故情景下，成立由市委、市政府主要领导担任总指挥，其他相关市领导及部队领导担任副总指挥的极端灾害事故应急指挥部，建立广州市最强大的应急指挥体系。

巨灾应急预案需要弥补专项预案体系的不足。结合情景构建等相关方法，提取归纳极端灾害事故情景的共性与特性，考虑受到极端冲击应急管理功能遭到破坏后如何重新形成运转机制，作为极端灾害事故发生后的兜底安排。以应急物资保障为例，广州市巨灾预案规定了应急物资保障的常态化工作，要求在极端灾害事故发生后，能够及时、持续提供充足的应急物资。

二、基层组织

本条对基层组织巨灾应急预案并未做具体要求。从实践上看，随着"安全社区""防灾社区"的建设，目前多数基层组织已经形成了防灾预案。基层组织是巨灾发生的前沿阵地，有必要制定更具针对性和可操作性的相关预案，或与地方巨灾预案相配合的巨灾情景行动方案。基层组织针对巨灾的应急预案或行动方案应注重社会动员、群众互救与公民自救等方面，重点进行巨灾的宣传教育，普及灾害应对常识，培育巨灾风险意识与文化，并建立常态化灾害疏散演练制度，形成防灾减灾救灾的人民防线。

三、企事业单位和其他主体

本条对企事业单位和其他主体的巨灾应急预案并未做具体要求。巨灾情景下企事业单位和其他主体也可以发挥重要作用。一方面，为了最大限度地保障人民生命财产安全，企事业单位和其他主体应当建立面对极端灾害事故的相关预案，包括组织指挥职责、疏散逃生路线等内容，尽可能避免巨灾情景下因混乱引发的次生事故；另一方面，企事业单位和其他主体应当响应当地政府部门号召，多方面参与到巨灾应急当中，以巨灾应急保障为主要方向，提前布局如何配合政府开展救援处置工作。

◆ 实践难点与适用指引

一、政府及相关部门

1. 现存问题分析

第一，巨灾风险意识不足，前瞻性、全局性谋划存在困难。党的十八大以来，习近平总书记反复强调，要把困难估计得更充分一些，把风险思考得更深入一些，做好应对复杂困难局面的思想准备和工作准备。但在巨灾预案编制过程中，往往存在低估了风险后果、简化了实践情况等问题。极端灾害事故的典型特征之一是发生的小概率，常用"几十年不遇""百年不遇"等来形容，即这类事件很少发生，在应对中几乎没有历史经验可以参考。因此，部分地区在预案体系规划中，对小概率事件的风险防范意识不足，存在侥幸心理，将小概率等同于零概率，错误地认为巨灾应急预案不具有实际作用，编制巨灾应急预案仅仅为了应付上级要求，未能认识到巨灾应急预案在实践中的重要作用，编制内容随意敷衍，难以做出前瞻性、全局性规划。

第二，难以全面认识巨灾情景，超常规应急工作无从下手。极端灾害事故一旦发生，影响极其巨大，应急工作的难度从一个层次跃升到另一个层次。预测与判断极端灾害事故带来的破坏性影响是非常困难的。受到认识局限的影响，对于一个未知的巨灾情景，我们很难想象社会层面的破坏有多么严重、应急工作的开展有多么艰巨，往往会漏掉一些特殊情况。同时，巨灾情景下应急管理系统可能已经遭到破坏，平时能够实现的指挥调度、处置救援工作此时已经无法进行。如灾害发生后相关单位已经出现人员伤亡，预案中拟定的指挥机制与组织职责无法及时调整；通信联络系统破坏后，预案中的信息传递与协商研判工作机制不能运行。在巨灾情景下，如何把超常规应急工作纳入巨灾应急预案规划中，是巨灾应急预案编制的难点。

第三，巨灾应急预案的制定往往仅针对某一类灾害事故。当前我国各地区已经开始注重巨灾应急预案的编制工作，但巨灾应急预案的制定通常是在某一重大突发事件发生后进行的相关灾害事故预案的补充。如2021年郑州"7·20"特大暴雨灾害发生后，各地区吸收郑州应急处置的经验教训，制定发布了暴雨洪涝巨灾应急预案，针对暴雨洪涝巨灾的一系列情形进行了应急工作的补充。这种巨灾应急预案的制定显然滞后于灾害事故的发生，尽管对未来应对这一类型的极端灾害事故提供了参考，但从防范化解重大风险的要求上看，其对应急准备与预防工作并未起到实质上的作用。同时，极端灾害事故具有复杂叠加性特征，巨灾应急预案仅仅关注单一灾害事故，会忽视不同灾害之间的关联效应，无法满足综合减灾的要求。

2. 实施与优化建议

第一，以底线思维推动巨灾应急预案的编制工作。习近平总书记在浙江工作期间，曾提出突发事件应对要"宁可十防九空，不可失防万一"。巨灾应急预案的编制需要坚持底线思维，充分评估风险情况，把困难估计得严重一些，把准备工作做得充分一些，从组织指挥体系、处置救援机制、资源储备调度等方面考虑巨灾情景下抵御、恢复、适应所需要的能力，做好前期的应急准备，且这些能力应当可扩大可缩小，具有广泛适应性，能够在不断变化和演化的巨灾风险威胁形势下灵活发挥作用，适应各类灾害应对的需要。

第二，采用情景构建、虚拟仿真等技术手段预演巨灾情景。巨灾应急预案必须明确一个地区安全受到的具体威胁，在应急工作开展前回答需要准备应对什么。为了更充分地分析巨灾情景下的威胁，可以采用情景构建、虚拟仿真等方法手段，结合地区现实风险情况，推演构建当地最坏可信的巨灾风险场景，在巨灾预案中明晰每个巨灾的破坏强度、波及范围、处置的困难性和复杂性以及可能产生的后果，建立起规范化、超常规应急响应机制，如道路毁坏后救援力量如何进入、通信中断后灾情信息如何传递等。

第三，以灾害学习与应急演练提升巨灾应急预案的效用。巨灾应急预案需要以防范化解重大风险为核心，提前感知风险态势变化，从而提升巨灾应急预案的前瞻性。巨灾应急预案编制过程中要密切关注各种重大风险，针对已经出现的重大风险情景、易发多发的突出风险情景进行超前研究，未雨绸缪，在巨灾应急预案中对各类极端灾害事故进行相应规定。同时，加强巨灾应急预案的演练，定期开展跨省（区、市）、跨部门、军地协同的巨灾应急演练，进行压力测试，发现可能存在的各种问题，增强巨灾应急预案的实用性与可操作性。

二、基层组织

1. 现存问题分析

第一，基层组织巨灾应急预案缺位，作用发挥有限。巨灾发生概率极小，且往往波及多个地区，应急处置救援工作需要高层级政府负责开展，因此，基层组织容易忽视其在巨灾情景中所能够发挥的作用，应急预案体系中缺乏巨灾应急预案，且未以预案的形式建立起稳定的灾害动员救助机制，面对巨灾情景只能临时进行决策、现场形成救灾方案，造成混乱且应对乏力。同时，"有事找政府"的传统思维让基层组织巨灾应急预案作用发挥有限，从编制巨灾应急预案时照搬照抄上级预案内容，到极端灾害事故发生时只等上级政府命令、依赖上级政府救援，都没有体现出巨灾应急预案应当发挥的作用。

第二，基层组织巨灾应急预案适用性和实用性较弱。基层组织防灾减灾工作是一项系统工程，巨灾应急预案仅仅是第一步。尽管部分基层组织已经编制了巨灾应急预案，但由于基层工作人员严重不足、防灾减灾基础设施不完善等问题，导致基层组织实际上没有启动应急工作的机制与能力，无法发挥应有的作用。在这种情况下，巨灾应急预案中所设想的应急措施可操作性较差，适用性和实用性不足，只能束之高阁。

2. 实施及优化建议

对基层工作者来说，因相对缺乏灾害相应的专业知识，制定巨灾应急预案存在一定难度，不知道如何开展工作。基层组织巨灾应急预案并非一定要像政府部门的巨灾应急预案一样，它不需要全面考虑所有的灾害情景或巨灾类型，而需要明确基层组织应当发挥的作用。基层组织制定巨灾应急预案是为了让基层组织在灾害来临时能够灵活应对，第一时间采取相应行动，有组织地开展响应动员、自救互救等，从而最大限度保护个人生命财产安全。因此，基层组织巨灾应急预案应具有针对性，明确面对不同的情境，哪些人或哪些组织应该开展什么行动，如灾情预警、组织撤离、自救互救、物资保障，等等。此外，在巨灾应急预案的基础上，基层组织应定期组织应急逃生、应急疏散、应急救援等的演练，提升基层工作人员巨灾情景下的指挥协调能力，让群众知晓巨灾情景下如何保护自己。

三、企事业单位和其他主体

企事业单位和其他主体在巨灾应急预案制定中的困境、问题及改进措施可以参考基层组织，重点在于提高应急预案的实用性与针对性，让企事业单位及其他主体的成员第一时间知道该采取何种自救互救措施，明确可采取的行动或举措。

> **第十五条【基层预案】** 乡镇（街道）应急预案重点规范乡镇（街道）层面应对行动，侧重明确突发事件的预警信息传播、任务分工、处置措施、信息收集报告、现场管理、人员疏散与安置等内容。
>
> 村（社区）应急预案侧重明确风险点位、应急响应责任人、预警信息传播与响应、人员转移避险、应急处置措施、应急资源调用等内容。
>
> 乡镇（街道）、村（社区）应急预案的形式、要素和内容等，可结合实际灵活确定，力求简明实用，突出人员转移避险，体现先期处置特点。

第二章 分类与内容

◆ 条文主旨

本条是关于乡镇（街道）、村（社区）等基层单位应急预案内容侧重和特点的规定。

◆ 核心概念

先期处置：指突发事件即将发生、正在发生或发生后，根据事件等级，在履行统一领导职责或组织事故处置的政府领导和有关部门到来之前，以最短时间、最快速度组织各方面力量实施的防止事态扩大、保护人民群众生命安全等的应急响应措施。

◆ 理解与适用

相较于2013版《办法》，此次修订中将原第九条关于基层组织应急预案的部分内容提炼整理，更详细地说明了乡镇（街道）、村（社区）等基层单位应急预案应当侧重的内容。基层政府及基层组织是突发事件应对的第一道防线，其应急预案编制应当与政府及其部门的应急预案相区别。2023年应急管理部办公厅印发《乡镇（街道）突发事件应急预案编制参考》和《村（社区）突发事件应急预案编制参考》，明确了基层应急预案的功能与定位，突出了基层的"第一响应"功能，强调基层应急预案的先期处置特点，重视"具体措施"，重点确立基层单位的主体责任，强化各单位对各类危险源的防控和监管措施，明确突发事件发生后应急处置与救援的程序、方法要简明实用，具有更强的针对性和可操作性。

基层应急预案是基层组织根据自身特点和实际情况制定的应对处置突发事件的操作指南。本条第一款规定的主体是乡镇或街道等基层政府机构，要求其应急预案重点对灾害事故应对行动进行规范，侧重预警信息传播、任务分工、处置措施、信息收集报告、现

《突发事件应急预案管理办法》解读

场管控、人员疏散与安置等内容；本条第二款规定的主体是村或社区等基层组织，要求其应急预案应当简洁实用，侧重主要风险点位、应急响应责任人、预警信息传播与响应、人员转移避险、应急处置措施、应急资源调用等内容。

根据本条的规定，参考《天津市基层应急预案编制框架指南（试行）》及我国部分地区内容较为全面的基层应急预案，对基层应急预案编制内容具体说明如下。

基层应急预案需要重视风险防控与预警信息报告制度，以网格单元作为依托，建立起"无死角、全覆盖"的风险防控体系，及时发现和处置各类风险隐患，加强风险的全过程管理，落实风险管控措施，做好应急准备。同时，将基层网格员、综治员、信息员等人力资源纳入应急管理工作，保证其履行风险隐患巡查报告、突发事件第一时间报告、先期处置、灾情统计报告等职责，实行信息报告激励机制，鼓励基层网格员和其他人员主动报告信息。

基层应急预案需要系统解决第一时间谁来做、怎么做的问题，明确现场负责人和处置措施，建立起灾害事故第一时间应对机制。突发事件发生后，所在村（居）民委员会负责人担任现场指挥官，基层党组织根据现实情况成立党的工作小组，辖区内党员就地就近向基层党组织报到，建立起以基层党组织为核心的应急指挥领导小组。同时，基层组织负责人及时向属地人民政府及相关主管部门报告突发事件相关信息，并在上级单位到达现场后做好工作交接，同时继续做好相关配合工作。

基层应急预案需要发挥组织先期处置和自救互救、动员辖区内人员参与应急工作等作用，最大限度保障人民生命财产安全。突发事件发生后，基层组织要立即采取措施控制事态发展，组织应急力量和群众自救互救，疏散、撤离、安置受威胁人员，控制、封锁危险源、传染源，尽可能防止发生次生、衍生灾害，协助维持现场秩

第二章 分类与内容

序，为后续救援工作创造有利条件，并及时向辖区政府及有关单位报告。对于涉及本地区、本单位的社会安全事件，要积极配合做好劝返、疏导及人员接回等工作。

◆ **实践难点与适用指引**

一、现存问题分析

第一，基层应急预案存在内容不全面，作用效果不佳等现象。基层应急预案常忽视风险评估与应急资源调查，应急预案内容简单，与实际应急管理工作要求差距较大。部分基层组织应急预案核心要素不全，情景设计欠缺，没有可操作性的实际内容，如风险隐患分布图、紧急撤离路线图等重要内容缺失或简单随意。部分基层组织在应急预案编制过程中未结合辖区实际进行风险源排查与应急能力评估等基础性工作，对可能发生的突发事件及其后果的预测和实际不符，责任和功能不清晰，在突发事件情景下无法发挥应有的功能。

第二，基层应急预案对先期处置认识不清，对自身定位不明确。基层应急预案应该发挥何种作用是基层组织在编制预案过程中首先要回答的问题。部分基层组织仿照上级政府部门应急预案，对突发事件的风险情景、处置程序、综合保障、组织体系等进行全面而笼统的梳理；另有部分基层组织编制的是单个或孤立的专项应急预案，仅仅是针对某一类突发事件的详细行动说明。基层组织对自身定位的不明确会造成基层应急预案与上级政府部门预案衔接不足，同级预案体系化不强，甚至会造成相互矛盾等问题，在突发事件发生后无法按及时调动应急力量，贻误先期处置时机。

第三，基层应急预案管理不规范，预案演练、更新、修订等后续工作缺失。由于基层组织人力资源较少，而管理事务繁琐复杂，因此基层应急预案往往迫于制度或上级政府部门压力，交由几名甚至个别办事员负责编制，他们的突发事件与应急管理专业知识不足，无法全面考虑基层突发事件应对情景，只能照抄照搬上级预案，缺乏风险情景的针对性。此外，部分基层组织应急预案编制后长期不沟通、不演练、不修订，上级政府部门与社会公众对预案内容不知情，基层工作人员无人能用应急预案，成了"抽屉预案"。

二、实施与优化建议

第一，进一步明确基层应急预案的功能定位。基层应急预案强调先期处置功能，即其目的是在突发事件来临时能够第一时间采取相应的行动，有组织地开展响应动员、自救互救等行动。在充分进行风险分析和应急能力评估的基础上，基层应急预案编制要符合实际、简明扼要、具体可行，明确"做什么、谁来做、怎么做"，如突发事件发生后，哪些人员应当到达现场进行指挥、哪些人员执行处置工作任务、哪些人员进行公众动员组织，等等，根据风险情景详细地说明应该采取的工作步骤，使基层工作人员能够按照既定的预案内容在突发事件发生后迅速采取行动。

第二，规范基层应急预案编制过程，提高应对措施的科学性。基层应急预案的编制应当成立工作小组，以领导干部为第一负责人，要求基层各部门工作人员全面参与，并提请上级政府部门为预案编制提供指导建议，适当纳入专业机构意见作为参考。基层应急预案编制前，需要对辖区内风险隐患与应急资源情况进行充分评估，并对辖区可能遇到的突发事件及其发展演化规律进行分析研判，确认哪些地方容易受到破坏、哪些人员容易遭到伤害。基层应急预案编制完成后，及时向辖区居民进行公开并收集建议信息，同时报送上级政府部门寻求指导意见，进一步提高预案内容的科学性。

第二章　分类与内容

第三，以基层应急预案为抓手，提升基层应急能力。基层应急预案制定后需要定期进行演练，基层组织的"第一堡垒"作用要求其能够在突发事件来临时，及时组织动员人员进行自救互救。因此，对基层应急预案中的疏散路线、管控措施等重点内容要经常进行演练，确保基层工作人员熟悉处置工作流程、公众知晓逃生避难路线。可以根据预案内容，开展应急知识宣传、应急能力培训、应急资源储备、应急队伍组建等多方面工作，让基层应急预案成为培养基层应急意识、提升基层应急能力的抓手。

> 第十六条【单位预案】　单位应急预案侧重明确应急响应责任人、风险隐患监测、主要任务、信息报告、预警和应急响应、应急处置措施、人员疏散转移、应急资源调用等内容。
>
> 大型企业集团可根据相关标准规范和实际工作需要，建立本集团应急预案体系。
>
> 安全风险单一、危险性小的生产经营单位，可结合实际简化应急预案要素和内容。

◆ 条文主旨

本条是关于企事业单位应急预案内容侧重、体系建设及内容简化的规定。

◆ 核心概念

应急响应责任人：应急响应责任人的概念可以参照"应急第一响应人"，是在专业应急救援队伍之前先到达灾害、事故等突发事件现场，开展现场疏导、自救互救、信息收集上报等初期就近应急处置工作的企事业单位领导干部，是应急救援队伍的重要辅助

《突发事件应急预案管理办法》解读

力量。

◆ 理解与适用

相较于2013版《办法》,此次修订将原第九条中关于单位应急预案的规定单独提炼为一条,并增加了适当简化应急预案的规定。此次修订强化了对单位应急预案编制的规范性要求,企事业单位应当按此条要求以及企事业单位风险评估标准或指导性技术文件编制应急预案。同时,此次修订考虑到了应急预案编制与单位行政负担之间的均衡,明确提出安全风险单一、危险性小的生产经营单位,可结合实际简化应急预案要素和内容,尽可能减轻应急预案编制给企事业单位带来的额外负担。

本条强调企事业单位应当按照实际情况,以突发事件类别或生产经营环节有针对性地制定相应的应急预案。本条明确了企事业单位应急预案制定的主要内容,要求企事业单位制定应急预案应当充分评估风险隐患,识别本单位可能发生的灾害事故特点和危害,结合本单位实际情况与承担任务,细致具体的将灾害事故中应急响应责任人、主要任务、信息报告、预警响应、应急响应、先期处置、人员疏散撤离组织和路线等内容进行规范。此外,对于生产经营活动体量较大的大型企业集团,可以结合经营性质、规模、组织体系、风险状况、应急资源等,建立包括综合应急预案、专项应急预案和现场处置方案等的应急预案体系。

根据本条规定,结合我国2019年修订的《生产安全事故应急预案管理办法》中的相关内容,以及《生产经营单位生产安全事故应急预案编制导则》等标准规范,同时参考部分行业领域企事业单位较为成熟的应急预案文件,对企事业单位应急预案编制内容具体说明如下。

企事业单位应急预案需要开展风险评估和应急资源调查,并将

第二章 分 类 与 内 容

风险评估结果和应急资源情况在预案内容中进行明确。其中，风险评估包括但不限于：分析单位存在的危险因素，确定可能发生的突发事件类别；分析各种突发事件发生的可能性、危害后果和影响范围，并指出可能产生的次生、衍生事件；评估突发事件的危害程度和影响范围，与周边可能受影响的居民、单位、区域环境的关系，提出风险防控措施。应急资源调查包括但不限于：单位第一时间可调用的应急队伍、装备、物资等应急资源状况；单位所在建筑物的危险品储存情况、需要及时制动的主要设备以及疏散路线和避难地点；针对生产经营活动过程中存在的风险可采取的监测、监控、报警手段；上级单位、当地政府及周边企业可提供的应急资源。

企事业单位应急预案需要明确应急响应责任人、组织机构及其主要任务与职责，且附上详细的组织行动方式和联络方式。如以生产经营环节为分类标准制定的应急预案，应将生产线、车间负责人作为相应突发事件的责任主体，根据该流程的详细状况拟定突发事件发生时应采取何种处置救援行动。此外，各单位应建立由主要领导和业务分管领导等成员组成的应急小组，作为单位突发事件应对的第一责任人，进行相应的指挥决策、组织协调等工作。

企事业单位应急预案需要明确有针对性、可操作性的处置程序和方法，让各部门和人员能够有条不紊地参与或配合应急工作，从而防止灾害事故进一步扩大，尽可能保障人员生命财产安全。企事业单位应急预案应以应急处置为核心，体现自救互救和先期处置的特点，重点说明可能的情景下需要采取的处置措施、向可能受影响的居民和单位通报的内容与方式、向主管部门和有关部门报告的内容与方式，以及与政府应急预案的衔接方式，做到职责明确、程序规范、措施科学，尽可能简明化、图表化、流程化。

《突发事件应急预案管理办法》解读

◆ 实践难点与适用指引

一、现存问题分析

第一，企事业单位负责人对应急预案编制工作的重视不足、参与不够。不同的企事业单位，其应急预案的编制难度不同，但预案编制通常不是个别部门和人员就能完成的。当前，高危行业单位的应急组织机构比较健全，重视应急预案编制工作，而风险程度较低的单位往往会轻视应急预案编制工作，将其交由非专业部门或者层级较低的部门完成，导致应急预案可能出现对风险评估不足、对应急工作认识不深等问题。此外，部分单位的应急预案管理工作由安全管理部门承担，其受职权范围的影响，难以调动其他部门参与到应急预案编制工作当中，因此不能充分考虑各个部门的实际情况，也无法让所有部门均深入了解应急预案内容，导致突发事件发生时大部分人员不能妥善处理实际问题。

第二，企事业单位应急预案的衔接、更新机制不畅。由于企事业单位应急预案编制人员对应急管理工作并不熟悉，部分单位对应急预案的类型认识不足，总体应急预案和专项应急预案差别不大、衔接不足，对特殊环节、特殊条件、特殊情景没有针对性；应急预案编制照抄政府部门、上级集团等，不同级别应急预案之间衔接不细致，具体情景中不明确应该启动什么程序。从当前企事业单位应急预案编制情况来看，尽管大多数单位已经在应急预案中附上责任人联络列表等内容，但其仍不符合应急管理工作更新的需求。此外，针对人事变动、机构变革等因素，应急预案应如何进行更新在预案中并不明确，导致职责更新与交接不畅。

第三，企事业单位应急预案操作性较差，演练效果不理想。单位应急预案演练存在"走过场"问题，其原因可能与预案可操作性有关。一些单位规模比较小,风险种类不多,应急预案没有明确突发事件情景下的现场处理工作,仅仅规定了救援的基本程序,关于突发事件风险特点的内容简单,可演练的内容较少,单位内部员工参与演练的热情不高,甚至不演练。此外,部分单位的应急预案仅仅针对重大突发事件,对一般突发事件或突发事件初期的应对处置程序规定不细,针对性不足。

二、实施与优化建议

第一,提高领导干部对应急预案工作的重视程度,落实应急预案编制主体责任与工作任务。企事业单位应急预案要求单位自身对其生产经营活动的风险有一定认知,然后针对不同的风险做好各种应急准备。单位领导干部应落实安全生产责任制,提高对应急预案编制工作的重视程度,根据单位具体业务、风险和资源情况成立专班负责相关工作,明确编制预案的工作任务、编制计划和经费预算,从预案编制、维护到预案演练、实施,都应该动员单位各级各部门广泛参与,并委托专业技术服务机构提供风险评估服务,为预案编制提供参考。以应急预案工作带动应急管理工作,将单位应急预案工作纳入年度监督检查计划,督促指导下属单位或部门重视应急预案工作。

第二,加强企事业单位风险隐患排查,完善应急预案的管理机制。企事业单位应当明确应急预案工作的任务清单,进行单位内部各环节风险评估,确定针对什么情况、需要什么预案、关系到哪些内外部资源等,充分学习参考应急管理相关法律法规以及地方各类应急预案,在此基础上形成具有针对性的总体应急预案和专项应急预案。同时,在预案编制工作中确定需要与上级政府部门、其他社会组织等外部机构衔接的内容,将本单位应急预案及时与地方政府部门、社区进行沟通,将其建议和信息纳入预案内容。应急预案编制完成后，及时告知周边企业和社会，促进其他主体与政府和相关救援力量的协作。此外，重视应急预案的更新修订工作，写明多长周期对应急预案的相关内容进行更新修订，明确预案中应急联络人、应急负责人的工作交接机制。

第三，培养企事业单位员工风险意识，将应急预案工作融入单位日常工作。法律要求生产经营单位应当制定本单位的应急预案演练计划，根据本单位事故风险特点，坚持定期组织应急预案演练，让新员工了解本单位应急预案内容、老员工熟悉避灾路线和应急操作。企事业单位应急预案从编制开始就应当对员工进行教育培训，培养员工应急意识，定期组织针对应急预案的员工讨论会、技术培训会、疏散演习活动等，并基于培训与演练效果对应急预案进行修订。

第十七条【工作手册和行动方案】 应急预案涉及的有关部门、单位等可以结合实际编制应急工作手册，内容一般包括应急响应措施、处置工作程序、应急救援队伍、物资装备、联络人员和电话等。

应急救援队伍、保障力量等应当结合实际情况，针对需要参与突发事件应对的具体任务编制行动方案，侧重明确应急响应、指挥协同、力量编成、行动设想、综合保障、其他有关措施等具体内容。

◆ 条文主旨

本条是关于应急工作手册和行动方案等应急预案支撑文件编制及内容的规定。

第二章 分类与内容

◆ **核心概念**

应急救援力量： 根据应急管理部印发的《"十四五"应急救援力量建设规划》，应急救援力量是指参与生产安全事故、自然灾害应急救援的专业应急救援力量、社会应急力量和基层应急救援力量。专业应急救援力量主要包括抗洪抢险、地方森林（草原）灭火、地震和地质灾害救援、生产安全事故救援、航空应急救援等力量。社会应急力量是指从事防灾减灾救灾工作的社会组织和应急志愿者，以及相关群团组织和企事业单位指导管理的、从事防灾减灾救灾等活动的组织。基层应急救援力量是指乡镇（街道）、村（社区）等组建的，从事本区域灾害事故防范和应急处置的应急救援队伍。

◆ **理解与适用**

本条强调应急预案支撑文件的编制，应当以应急预案的处置要求和预期目标作为依据，以突发事件现实情景与应急能力情况为基础，面向应急处置工作的实际需求。应急预案支撑文件是对应急预案内容的操作化说明，包括应急工作手册、行动方案和现场工作方案等三种。相较于2013版《办法》，此次修订将原第十条、原第十一条的内容提炼为一条，涵盖了应急预案落实的相关支撑文件，逻辑更加清晰。

本条第一款针对应急工作手册，指出应急预案涉及的有关部门、单位等可以结合实际情况编制，并明确工作手册内容包括应急响应措施、处置工作程序、应急救援队伍、物资装备、联络人员和电话等，突出其操作性。应急工作手册规范了应对突发事件的工作流程，明确了应急响应的任务内容，为突发事件应对处置工作提供了指南。

《突发事件应急预案管理办法》解读

本条第二款针对行动方案，指出应急救援队伍、保障力量等应当结合实际情况，针对需要参与突发事件应对的具体任务编制，内容侧重明确应急响应、指挥协同、力量编成、行动设想、综合保障、其他有关措施等。

一、政府及相关部门

根据本条规定，政府部门应注重应急工作手册和现场工作方案的制定，其所属应急救援队伍应当编制行动方案。突发事件应急预案中的部分内容偏重于原则性或制度性规定，难以直接为政府相关部门及救援队伍开展工作提供行动指导，因此，需要编制应急工作手册将应急预案的内容进行职责细化与落实，以及编制现场行动方案或工作方案对该突发事件的应对处置工作做出详细安排。

本条第一款要求政府及相关部门应当结合地区特点和应急能力，以应急预案为基础编制应急工作手册，将应急工作进一步分解细化，落实工作职责安排，突出实用特点，包括工作事项、内容、流程、负责人与联络方式以及必要附件等内容。以应急管理工作流程为例，如信息报送应当明确报送对象、报送渠道、报送内容；处置响应应当明确政府部门下设的专项指挥部及其负责人联系方式，以及具体情况由哪一级政府的哪些部门实施何种响应等。

本条第二款要求政府部门下属综合救援队伍、专业应急救援队伍等应急救援队伍需要编制具体行动方案，包括应急响应、指挥协同、力量编成、行动构想、综合保障、其他有关措施等具体内容。行动方案针对参与的突发事件进行任务分析与情况预测，要求对突发事件的现场情况进行全方位了解，明确工作任务与所需力量，并据此进行现场应急指挥，调动相关应急力量开展应急处置工作。

二、基层组织

《办法》第十五条对基层应急预案的相关规定中，已经明确了基层应急预案要简洁实用，突出"具体措施"，具备一定的工作手册属性，因此，基层组织根据其应急工作现实情况，可以单独编制应急工作手册，也可以将有关内容融入预案，合并编制。

基层应急救援队伍行动方案和基层组织现场工作方案的编制可以参考上级政府及相关部门的有关内容，根据自身的力量配置与任务要求进行适当调整，突出与上级应急指挥机构、专业应急救援队伍之间的配合，从灾情预警、组织自救互救、人员转移安置、维护社会秩序等方面协助上级政府及相关部门做好各项保障工作。

三、企事业单位及其他主体

《办法》第十六条明确规定企事业单位应急预案需涵盖应急响应责任人、疏散撤离路线等内容，并要求具备一定的操作性，因此，企事业单位可以根据应急预案与单位生产经营活动的实际情况考虑是否需要编制应急工作手册。

面临重大自然灾害时，企事业单位可以参照基层组织预案与现场方案的应急处置流程，以人员疏散、组织动员自救互救、配合政府及相关部门应急工作等内容为主编制应急工作手册。生产安全事故类突发事件往往是由于企事业单位自身生产经营活动中出现纰漏或危险因子而产生的，企事业单位对现场情况有一定的了解，因此，此类事件的应急现场方案需经专业人员明确事故现场可能存在的危险品位置、对生产设备采取的措施、是否存在次生事故的可能性等问题，以最大限度保障人身生命财产安全。

其他主体可以针对其工作需求编制应急工作手册，同时应当注

《突发事件应急预案管理办法》解读

重应急现场行动方案的制定,特别是临时性活动组委会等组织,其活动现场可能存在大量人员、特殊设施设备等,更需要编制流程明确、任务清晰、内容翔实的应急现场工作方案。

◆ 实践难点与适用指引

一、政府及相关部门

1. 现存问题分析

第一,对预案支撑文件编制重视程度不足,与应急预案"不配套"。由于政策文件中将应急预案编制工作作为应急管理工作考核的重要内容,而对应急工作手册等支撑文件未做强制性与标准化要求,因此部分地方忽视支撑文件的编制工作。如在预案编制工作中投入大量人力物力,而应急工作手册则交由个别部门或几个文件管理工作人员编制,导致本应更详细更具专业性的工作手册内容漏洞百出,既无法与应急预案匹配,又无法为应急工作开展提供实际指导。同时,有些地方仅应急管理部门编制了工作手册,而其他与突发事件应急工作相关的部门并不重视工作手册的编制,导致在突发事件发生时按照预案应当参与应急工作的相关部门无法第一时间详细安排本部门的工作。

第二,应急现场工作方案"用完即废",成为部门的临时性工作。当前,多数地区仍对应急处置工作抱有"车到山前必有路"的心态,对突发事件情景的提前预设不足,应急处置常态化建设不够,应急现场工作方案需要等到突发事件发生后才进行综合研讨制定,具有滞后性,无法满足突发事件应对的要求。此外,应急现场工作方案是对某次突发事件的相关安排,具有一定的针对性和特殊性,往往被认为是临时性文件,即在该次突发事件结束后就已经作废,导致工作方案的制定被认为是政府及相关部门在突发事件发生后临时开展且不具延续性的工作，进而导致现场工作方案的制定缺乏规范性与严谨性。

第三，预案支撑文件以内部文件印发为主，需要加强共享。《办法》等政策文件明确要求应急预案在正式印发后向社会公布，但对于应急预案支撑性文件的公开情况并未做具体要求。多数地区应急预案支撑性文件仅作为政府系统内部文件印发，或单独发送至特定的相关单位，特别是应急救援队伍行动方案和应急现场工作方案向社会公开不足，因此社会力量对政府应急方案、政府下属应急救援队伍的行动方案等均不了解，在突发事件情景下，社会志愿组织等力量难以参与或有效配合政府的应急救援工作。

2. 实施及优化建议

第一，以应急预案高效执行为目标，提高预案支撑文件的质量。应急预案支撑文件的内容应当与应急预案的内容相衔接，对应急预案中的一些普遍性原则性规定、未能详尽说明的情况等进行可操作细化，并结合应急预案所需实现的应急处置目标，从突发事件具体情景入手，剖析应急处置工作中可能遇到的各种不确定情况，从而制定贴合现实情景的应对措施。相较于应急预案来说，应急工作手册、行动方案、工作方案的内容编制要求专业人员参与，对突发事件的具体情况进行详细评估与研判，使其更具专业性，以提高文件中应急行动的科学性。

第二，推进应急现场方案制定流程化、即时化，并进行备案。突发事件的危害性与紧迫性要求政府及相关部门在极短时间内要做出关键决策和应急响应，应急现场方案需要快速制定，即时对应急处置救援工作做出安排。因此，应急现场方案编制应该成为部门常态化工作之一，可以提前制定好现场方案的模板，在突发事件发生后仅需对其进行针对性细化即可。此外，在突发事件应急响应结束后，应当将现场方案归档并进行备案，为编制新的现场方案提供借鉴参考。

第三，完善预案支撑文件公开及共享制度，优化社会力量参与处置救援工作。应急预案支撑文件中的现场方案、行动方案等均需要根据突发事件实际情况制定，在突发事件应对工作展开之前可能难以向社会公开，但在应对工作开展过程中或结束后，应当将现场方案与事件调查结果一并公开，让基层组织、企事业单位、其他主体等社会力量能够依据政府的预案支撑文件制定其行动方案。此外，在政府及相关部门预案支撑文件形成流程化、规范化的工作机制后，可向社会征集关于工作手册与现场方案模板的意见建议，以此了解公众希望政府在应急行动中开展哪些工作。

二、基层组织

1. 现存问题分析

第一，基层组织编制支撑文件存在困难。由于基层组织自身管理范畴相对较小，许多地区选择编制综合性的"多案合一"应急手册，在这个过程中，如何定位基层组织的功能、如何明确基层组织现场工作任务与行动方案是基层预案支撑文件编制面临的难题。同时，基层组织对自身应急力量与资源了解不足，不明白在应急现场行动方案中到底需要安排哪些任务、调度哪些资源、采取哪些行动。

第二，上级政府及相关部门指导不够，基层预案支撑文件缺乏专业性。为了确保应急现场行动方案的可行性，基层组织需要结合突发事件的具体特征与辖区内的人口结构、地形分布、建筑物布局等因素综合把控支撑文件中的任务，这些显然不是基层工作人员能够完成的工作。目前，上级政府及相关部门对基层预案支撑文件编制的指导不够，导致基层在制定现场方案时只能凭借工作人员的经验印象进行编制，缺乏专业性。

2. 实施及优化建议

第一，加强基层应急流程规范化管理，开展基层应急工作梳理总结工作。基层组织应急能力建设应当从实用、管用、好用出发，着力提升基层应急流程的规范化水平，明确基层组织在突发事件情景下发挥何种功能，并基于应急预案演练定期对基层应急工作进行梳理总结，从综合性或重点灾害情景的整体指挥，到每家每户的人员组织与疏散，确保每项工作都能以流程化方式得以确定，且形成相关的路线、形势图等。

第二，聚焦基层应急工作重点任务，积极进行专业指导。基层组织应当聚焦应急工作重点任务，定期公布应急预案演练与应急能力建设的进展情况，积极听取社会公众意见建议，明确基层预案支撑文件所需解决的核心问题，提升工作效能。此外，上级政府及相关部门积极为基层组织开展预案支撑文件编制提供指导服务，下派相关领导干部和专家学者进行实地考察，查缺补漏，加快基层组织应急预案及支撑文件体系建设。

三、企事业单位

当前，企事业单位预案支撑文件的知识性与专业性不足，缺乏对单位内部危险源与风险情况的具体说明，未能详细附上单位生产设备图、建筑地形图、疏散路线图等对应急工作开展具有参考意义的专业性文件。

企事业单位预案支撑文件应当作为"工作笔记本"使用，将日常检查中发现的生产经营环节存在的风险隐患进行整理汇编，并由专业人员对这些环节发生事故后如何处置进行说明，便于突发事件情景下企事业单位的救援队伍和政府支援力量快速、准确地了解情况并开展应急处置工作。

四、其他主体

其他主体应急现场方案需要提前考虑所有可能发生的突发事件并对发生后的应急安排进行提前布局，因此对前期风险形势分析与情景预测具有较高的要求。以 2022 年北京冬奥会为例，组委会就自然灾害风险形势同气象、地震、水务、园林等市级部门进行会商分析，从而有针对性地做好应对准备。

第三章 规划与编制

第十八条【编修计划】 国务院应急管理部门会同有关部门编制应急预案制修订工作计划，报国务院批准后实施。县级以上地方人民政府应急管理部门应当会同有关部门，针对本行政区域多发易发突发事件、主要风险等，编制本行政区域应急预案制修订工作计划，报本级人民政府批准后实施，并抄送上一级人民政府应急管理部门。

县级以上人民政府有关部门可以结合实际制定本部门（行业、领域）应急预案编制计划，并抄送同级应急管理部门。县级以上地方人民政府有关部门应急预案编制计划同时抄送上一级相应部门。

应急预案编制计划应当根据国民经济和社会发展规划、突发事件应对工作实际，适时予以调整。

◆ 条文主旨

本条是关于应急预案制修订工作计划的编制基础、编制主体及报批程序的规定。

《突发事件应急预案管理办法》解读

◆ **核心概念**

应急预案编制修订计划：是本行政区域内应急预案编制修订的总体安排，综合性部署应急预案体系预期发展方向，是做好预案管理必不可少的一项基础性工作。

◆ **理解与适用**

本条重点突出了对应急预案制修订工作计划的要求，强调政府部门应当在预案编制工作之前编制应急预案编制计划，并根据经济社会发展规划、突发事件应对工作实际等情况进行适时调整，体现出应急预案编制的规划性，有助于应急预案体系的建立与完善。

相较于2013版《办法》，此次修订主要做了三方面修改：一是增加了国务院应急管理部门编制应急预案制修订工作计划的要求。国务院印发的《"十四五"国家应急体系规划》将"强化应急预案准备"作为单独一条进行强调，明确提出"制定突发事件应急预案编制指南"的要求。因此，应急预案制修订工作需要得到重视，特别是当前国家总体应急预案处于修订过程中，国家层面部分专项和部门应急预案颁布多年尚未进行修订。本条增加国务院应急管理部门编制应急预案制修订工作计划的要求，突出了推进国家层面应急预案按照突发事件形势变化及时进行完善修订的要求。二是增加了对应急预案编制计划的规定，指出应急预案编制计划应当根据国民经济和社会发展规划、突发事件应对工作实际适时调整。本条指出县级以上人民政府有关部门可以结合实际，制定部门（行业、领域）的应急预案编制计划。分门别类制定应急预案编制计划，能够深入推进应急预案体系的横向扩展与纵向延伸，有助于及时更新完善各级各类应急预案。三是增加规定了应急预案制修订工作计划、应急预案编制计划的报批程序，为增强应急预案体系的

第三章 规划与编制

衔接性提供了保障。

本条第一款规定了应急预案制修订工作计划的编制与报批要求。首先，明确了国务院应急管理部门会同有关部门编制应急预案制修订工作计划，这是从国家宏观层面的应急预案体系建设方案，主要针对国家应急预案的制修订，并明确在应急管理体系和能力建设的总体安排下需要编制哪些预案、修订哪些预案，为整个应急预案体系的完善指明了方向。程序上，国务院应急管理部门应急预案制修订工作计划报国务院批准后实施。其次，县级以上地方人民政府应急管理部门应当会同有关部门编制应急预案制修订工作计划，编制时需要针对本行政区域内多发易发突发事件、主要风险等具体情况。县级以上地方人民政府应急管理部门应急预案制修订工作计划应当报本级人民政府批准后实施。应急预案编制工作具有较强的专业性与系统性，为了保障应急预案体系的衔接性，应急预案制修订工作计划还需要抄送上一级人民政府应急管理部门。

本条第二款规定了县级以上人民政府有关部门可以制定本部门（行业、领域）应急预案编制计划，但不是强制性规定，各级政府有关部门可以根据本部门（行业、领域）应急管理工作开展情况，结合突发事件处置实际需要制定。部门（行业、领域）应急预案编制计划需要抄送同级应急管理部门，以保证与综合性应急预案的衔接；同时需要抄送上一级相应部门，以进行业务管理的衔接。

本条第三款要求应急预案编制计划需要进行及时调整。应急预案编制计划应当结合国民经济和社会发展规划、突发事件应对工作实际等进行适时调整，这突出了对应急预案的动态管理。如出现有关法律、法规、规章、标准、上位预案中的有关规定发生变化，应急指挥机构及其职责发生重大调整，面临的风险发生重大变化，重要应急资源发生重大变化等情形时，应当及时调整应急预案编制计划，从而完善应急预案体系。

《突发事件应急预案管理办法》解读

◆ 实践难点与适用指引

一、现存问题分析

第一,应急预案编制计划脱离实际情况,工作落实不到位。应急预案编制计划是健全完善应急预案体系的依据,是推动应急预案编制修订工作有序开展的保证,应当具备可操作、可落地的特征。目前,多数地区应急预案编制计划脱离实际情况,计划中仅对理论上、原则上需要建立的应急预案体系进行编排,忽视了该计划是否符合应急管理工作实际,在现有条件下能否实现。同时,由于应急预案编制计划中部分表述仅对所需实现的目标进行阐释,而未对该目标实现的步骤进行细化说明,常出现落实不到位、执行有偏差等问题。

第二,应急预案编制计划制定时协调不足,各级各部门应急预案编制计划中应急预案完善健全的方向不统一。应急预案编制计划具有较强的专业性和系统性,其可能涉及多个区域、领域、部门、组织等,但当前应急预案编制计划制定过程中的协调不足,往往由单一部门负责制定,缺乏与其他组织之间的沟通,导致应急预案编制计划中缺乏与企事业单位、基层组织等主体预案的衔接性内容,难以体现相应主体的实际需求。此外,应急预案编制计划中对需要编制修订的预案计划内容较为模糊,制定哪些应急预案、修订哪些内容没有宏观规划,未从系统的角度考虑是否可以进行结构调整。

第三,应急预案编制计划调整不及时,不能适应当前应急工作需求。尽管应急预案编制计划的制定增强了政府及相关部门应急预案体系的规划性与完整性,但部分地区应急预案编制计划未根据经济社会形势的发展和应急管理工作的变化进行及时调整,造成按此计划制定的一些应急预案不适应突发公共事件应对工作实际,个别

第三章 规划与编制

应急预案存在操作性不强、联动机制不健全等问题。

二、实施及优化建议

第一，明确应急预案制修订工作的时间安排，确保计划落实。应急预案编制计划制定完成后，需要辅之相应的工作要求与工作安排，确保其能够在应急管理工作中得以落实，特别是对计划完成时间进行安排。应急预案编制计划应当明确该计划需要在何时之前完成，并对计划落实进行阶段划分，安排每一阶段的工作任务。如摸底调查阶段需要对当前应急预案进行全面查缺补漏，编修起草阶段需要由专人负责完成预案编制修订工作，评审完善阶段需要由预案编制单位按要求组织对修订完善后的预案进行评审，印发实施阶段需要完成各级各类应急预案的印发、备案工作。

第二，加强应急预案制修订工作的协调联系，突出计划的系统性。应急预案编制修订工作涉及行业领域专业技术、应急管理知识、工作进度和风险管控等多方面内容，是一项专业性、系统性很强的工作，因此，制定应急预案编制计划时应当加强与各部门各单位的协调联系。一方面，政府应急部门或相关部门在制定应急预案编制计划时，需要与其他部门负责应急预案编制工作的领导干部进行联系，明确本部门计划所需要涵盖的内容，避免出现重叠或真空；另一方面，政府应急预案编制计划需要与企事业单位、基层组织等社会主体的应急预案编制计划进行衔接，特别是对专项预案的计划应当考虑生产安全事故、社会安全事件等专业性问题，确保应急预案的相互衔接与联动机制顺畅。

第三，定期检查指导应急预案制修订情况，适时调整优化编制计划。加强对应急预案编制修订工作的检查指导，按照分类管理、分级负责、属地为主的原则，上级政府及应急部门对下属部门的应急预案编制计划进行定期检查，组织领导干部、专家团队等对相关

《突发事件应急预案管理办法》解读

部门应急预案编制计划是否满足当前应急工作需求进行检查指导，并形成相应的绩效考核评价，对未按照要求完成工作任务的，进行通报批评，督促政府部门适时调整应急预案编制计划，及时完成应急预案编制修订工作。

> **第十九条【编制主体】** 县级以上人民政府总体应急预案由本级人民政府应急管理部门组织编制，专项应急预案由本级人民政府相关类别突发事件应对牵头部门组织编制。县级以上人民政府部门应急预案，乡级人民政府、单位和基层组织等应急预案由有关制定单位组织编制。

◆ 条文主旨

本条是关于各类应急预案编制主体的规定。

◆ 核心概念

牵头部门：是指在一个复杂的项目或是一个跨部门的合作中，负责协调和组织的领头部门。牵头部门通常会汇集不同部门的意见和建议，提供统一的管理和决策支持，确保项目的目标得以顺利实现。因此，牵头部门的选择至关重要，必须具备较高的解决问题的能力和领导能力，同时需要知晓不同部门的特点和需求，避免出现意见分歧。

◆ 理解与适用

本条分别对总体应急预案、专项应急预案、部门应急预案、乡镇人民政府应急预案、单位和基层组织应急预案的制定主体进行了明确。本条是此次修订中的新增条款。

第三章 规划与编制

应急预案编制主体的确定是应急预案管理工作开始的关键问题。《突发事件应对法》第二十六条规定,"国家建立健全突发事件应急预案体系。国务院制定国家突发事件总体应急预案,组织制定国家突发事件专项应急预案;国务院有关部门根据各自的职责和国务院相关应急预案,制定国家突发事件部门应急预案并报国务院备案。地方各级人民政府和县级以上地方各级人民政府有关部门根据有关法律、法规、规章、上级人民政府及其有关部门的应急预案以及本地区、本部门的实际情况,制定相应的突发事件应急预案并按国务院有关规定备案。"部门应急预案及单位和基层组织应急预案编制主体相对明确,即由负责部门或单位进行编制;但总体应急预案、专项应急预案编制主体在以往没有明确规定,地方政府在实践中出现编制主体混乱、责任主体不明等问题。因此,本条明确规定了县级以上人民政府总体应急预案由本级政府应急管理部门组织编制,专项应急预案由本级政府相关类别突发事件应对牵头部门组织编制。

◆ **实践难点与适用指引**

一、现实案例与问题分析

应急预案编制的主体责任落实不到位。应急预案编制涉及多个部门与单位的协调配合,应急预案编制主体往往负有统筹应急资源、协调应急行动、明确应急响应措施等责任。应急预案的编制应根据不同层级的政府及其部门在突发事件应对中所拥有的应急资源和能力、特定职责和业务范围等,突出该预案的功能和作用。但实际工作中,部分地方政府及其部门、基层组织或单位在应急预案编制中存在避责心理,不履行应急预案编制工作中如风险调查、资源评估等必要的职责;部分企事业单位甚至不履行应急预案编制的责

《突发事件应急预案管理办法》解读

任,不编制必要的应急预案。

如上海市某区某公司设有3间仓库,其中2间为危险品仓库,主要储存油漆、稀释剂、涂料等,仓库内安装有可燃气体报警器、消防器材、防毒面具等应急设备。该区生态环境局执法人员对该公司现场检查时发现,该公司现场无法提供"突发环境事件应急预案",经后续调查询问,确认该公司未编制"突发环境事件应急预案"。

二、实施及优化建议

建立健全应急预案编制工作的指导监督及责任追究机制。上级政府部门在开展日常业务工作检查时,应当将应急预案编制情况纳入考核范围,明确各部门各单位预案编制的主体责任。对于在预案编制过程中出现的失职、渎职等行为,要依法追究相关人员的责任。同时,要建立激励机制,对在预案编制工作中表现突出的单位及个人,应给予表彰与奖励。

> **第二十条【编制工作小组】** 应急预案编制部门和单位根据需要组成应急预案编制工作小组,吸收有关部门和单位人员、有关专家及有应急处置工作经验的人员参加。编制工作小组组长由应急预案编制部门或单位有关负责人担任。

◆ 条文主旨

本条是关于应急预案编制工作小组及其人员构成的规定。

◆ 理解与适用

相较于2013版《办法》,此次修订增加了"根据需要"组成

第三章 规 划 与 编 制

编制工作小组的表述,并在编制工作小组人员组成中将"预案涉及主要部门和单位业务人员"修改为"有关部门和单位人员"。突发事件的应急管理工作涉及的部门和单位较广泛,且突发事件发生往往造成多重危害的叠加,因此,配合行动的部门和单位需要参与编制过程,这些部门和单位可能并不是应急预案中规定的相关措施的实施单位。此次修订修改为"有关部门和单位",能够将突发事件应急准备和应急响应涉及的单位均纳入进来。此外,将"有现场处置经验的人员"修改为"有应急处置工作经验的人员",表述更准确。

本条规定应急预案编制部门和单位根据需要组成应急预案编制工作小组。应急预案编制是一项专业性较强的工作,参与人员应具备专业知识和应急管理知识,需要有专业的团队作为支撑。多数预案编制部门或单位的工作人员本身并不具备应急管理专业知识,这种情况下就需要成立编制工作小组。编制工作小组一般分为预案编写组、资料信息组、管理保障组等若干小组。其中,预案编写组是负责编写预案主体的主业务组,人员包括各个部门的代表及专业人员。

加强预案编制的专业性是提升预案编制质量的重要保障。本条明确了编制工作小组应当吸收消防救援、公安、医疗、卫生防疫、交通运输等有关部门和单位人员,同时需要有关专家及有应急处置工作经验的人员参加。特邀专家一般是突发事件应急处置的专家和应急预案编制的专家。此外,本条规定了编制工作小组的组长由应急预案编制部门或单位有关负责人担任。

◆ 实践难点与适用指引

一、现存问题分析

第一,应急预案编制工作小组的成员缺乏业务延续性与连贯性。部分部门及单位将应急预案编制视为一项任务，应急预案编制工作小组往往由领导从各个部门抽调人员临时组成。一方面，临时组成的编制小组工作配合默契度不高，且各自所属部门存在利益冲突，编制过程中可能会出现矛盾与分歧，不利于应急预案的编制。此外，在预案编制完成后，临时小组自行解散，成员回到各自工作岗位，后续的应急经验总结及相关的预案管理工作无人问津，预案缺少了延续性和连贯性。

第二，应急预案编制工作小组的成员专业性差、实践经验不足。首先，专业知识与技能水平不足。应急预案的编制涉及多领域多方面的知识，如风险评估、应急管理、危机沟通等，要求成员具备相应的专业知识和技能。当前，部分编制工作小组成员缺乏必要的应急专业知识，对预案编制工作不熟悉也不擅长，难以对风险进行准确评估，或者提出的应急措施不够科学和有效。其次，缺乏实践经验。预案编制不仅需要理论知识，还需要丰富的实践经验。有些成员可能理论水平较高，但没有实际应急处置的经验，预案编制脱离本单位实际，甚至出现直接套用上级预案或其他单位预案的现象，导致预案的实用性和可操作性不强。

二、实施及优化建议

第一，统筹建立应急预案管理与编制的长期工作团队，保证有应急预案管理相关人员持续参与应急预案编制工作。突发事件具有很强的复杂性与不确定性，只有实时更新应急预案才能有效应对各类复杂局面。预案编制并非是一个简单的任务，而是一个持续动态管理的过程。一方面，应急预案编制工作小组组建时应充分吸收预案可能涉及的主体，鼓励应急一线工作人员参与其中，促进预案的科学性；另一方面，要确定小组组长，明确编制计划及程序，在顶层设计上确定预案编制工作小组的持续性、长期性，以便及时根据实践经验修订预案。

第二，提高预案编制工作小组队伍素质。一方面，在预案编制前对预案编制工作小组成员进行培训，组织成员认真学习理解国家有关法律法规和相关预案的具体要求，使小组成员具备相关应急与预案编制知识，确保预案编制工作的顺利进行和高质量完成；另一方面，可以聘请具有丰富应急处置经验与应急预案编制经验的应急管理专家加入预案编制小组，为预案的编制提供思路与想法，在草稿形成后对草案进行核对与完善，把控预案的整体方向。

第二十一条【编制基础】 编制应急预案应当依据有关法律、法规、规章和标准，紧密结合实际，在开展风险评估、资源调查、案例分析的基础上进行。

风险评估主要是识别突发事件风险及其可能产生的后果和次生（衍生）灾害事件，评估可能造成的危害程度和影响范围等。

资源调查主要是全面调查本地区、本单位应对突发事件可用的应急救援队伍、物资装备、场所和通过改造可以利用的应急资源状况，合作区域内可以请求援助的应急资源状况，重要基础设施容灾保障及备用状况，以及可以通过潜力转换提供应急资源的状况，为制定应急响应措施提供依据。必要时，也可根据突发事件应对需要，对本地区相关单位和居民所掌握的应急资源情况进行调查。

案例分析主要是对典型突发事件的发生演化规律、造成的后果和处置救援等情况进行复盘研究，必要时构建突发事件情景，总结经验教训，明确应对流程、职责任务和应对措施，为制定应急预案提供参考借鉴。

《突发事件应急预案管理办法》解读

◆ **条文主旨**

本条是关于风险评估、资源调查及案例分析等应急预案编制基础的规定。

◆ **核心概念**

次生（衍生）灾害：等级高、强度大的自然灾害发生后，常常诱发出一连串的其他灾害，产生灾害链。其中，最早发生的起作用的灾害称为原生灾害，由原生灾害所诱导出来的其他自然灾害称为次生灾害，从原生灾害演变扩散所引起的相关灾害称为衍生灾害。

容灾：是在灾难事故发生时，在保证生产系统的数据尽量少丢失的情况下，保持相关系统的业务不间断地运行。

◆ **理解与适用**

《突发事件应对法》第三十二条、第三十三条规定，国家突发事件风险评估体系和各级人民政府的风险排查、评估及防范体系建设，明确了以风险治理为基础的突发事件应对管理理念。相较于2013版《办法》，此次修订主要有三方面修改：①增加了"依据有关法律、法规、规章和标准，紧密结合实际"的要求。应急预案作为政府及其部门、基层组织、企事业单位、社会组织等主体应对突发事件的方案，应当具有合法性和合理性。合法性意味着应急预案需要有法理与政策基础，编制应急预案需要与法律、法规、规章等政策相一致；合理性意味着应急预案规定的措施应当与当前国家出台的各项标准相衔接，同时还应当与现实风险情况相匹配，并充分考虑实际情况。②完善了风险评估和资源调查的相关表述，更加符合当前突发事件的风险形势，与应急资源储备要求相呼应。

第三章 规划与编制

③增加了"案例分析"作为预案编制基础。突发事件具有高度的不确定性,预案难以对还未发生的突发事件情景进行全面的预测。案例分析为总结突发事件演化规律、预测突发事件风险态势提供了参照。研究典型突发事件案例可以为构建突发事件情景、改进应急管理措施提供依据。

应急预案基于本地区、部门和单位突发事件风险评估情况,预先设定应急任务、措施、准备等而形成的工作方案。为避免应急预案"上下一般粗""左右一个样"、高度雷同的模式化倾向,应急预案编制应当以开展风险评估、组织资源调查、剖析相关案例为基础,找到符合本地区、部门和单位实际的"假想敌",做到知己知彼。

本条第二款、第三款、第四款分别对风险评估、资源调查、案例分析进行了详细说明。

(1) 风险评估包括识别突发事件风险及其可能产生的后果和次生(衍生)灾害事件,以及评估上述风险及事件后果可能造成的危害程度和影响范围。风险识别是指在风险事故发生之前,人们运用各种方法系统地、连续地认识所面临的各种风险以及分析风险事故发生的潜在原因。风险识别阶段的主要工作包括识别风险源、对风险源进行分类以及对不同类别风险源进行风险评估。风险识别的程序通常包括编制风险清单、风险描述、风险筛选三个主要步骤。根据现场调查、文献材料、专家头脑风暴以及研究已有突发事件案例等方法详尽列出本区域可能存在的风险源,制定风险清单,风险清单越详细完善越能全面识别本区域可能面临的风险。在风险识别的基础上,风险评估需要具体描述每一风险类型、发生位置、时间、原因、影响因素、影响形式、影响对象、致灾因子、承载体的状况、风险源和潜在后果等,根据风险固有属性、致灾因子和孕灾环境的自然特征、受影响对象(人群、区域、设备设施、政府与社会组织)的风险承受与控制能力,综合确定灾害发生的可能性和严重性。

(2)资源调查主要是对突发事件应急处置过程中可调用的一切应急资源状况进行全面调查,包括本地区、本单位应对突发事件可用的应急救援队伍、物资装备、场所和通过改造可以利用的应急资源状况,合作区域内可以请求援助的应急资源状况,重要基础设施容灾保障及备用状况,以及可以通过潜力转换提供的应急资源状况等。必要时,也可根据突发事件应对需要,对本地区相关单位和居民所掌握的应急资源状况进行调查。制定有效的应急响应措施,需要以相应的应急资源为保障。应急资源是预防和处置突发事件所需的全部要素,包括应急队伍(人)和应急设备(物)这两大构成区域应急能力的核心因素。资源调查需要根据所筛选出的主要风险类型,具体分析有效应急管理需要的应急资源、目前拥有的资源及分布情况、现有的资源分布与应急管理需求的匹配程度,从而合理调配应急资源。

(3)案例分析主要是通过对典型突发事件的发生演化规律、造成的后果和处置救援等情况进行复盘研究,采取突发事件情景构建等方法,总结案例中的经验教训,从而为本地区、本单位应急预案中的应急处置流程、职责任务和应对措施提供参考借鉴。

◆ 实践难点与适用指引

一、现实案例与问题分析

某市应急管理部门执法人员在执法检查中发现,一家企业应急预案编制时对风险评估不全面、不深入,所编制的应急预案未制定危险化学品应急处置措施,且应急组织机构未明确具体人员编成、未设置应急通信联络方式。依据《中华人民共和国安全生产法》

第九十七条第六项规定,应急管理部门责令该企业限期改正,并处3万元罚款。

第一,应急预案在编制前,缺少准确的风险评估。风险评估是对突发事件所面临风险的发展、演化、危害的一种评价,是编制应急预案的重要依据。目前很多应急预案的编制都局限于一个部门或几个人,编制完成后召集有关部门或人员审议,这种模式大大降低了应急预案的实效性和针对性。事实上,目前我国大部分应急预案在编制时所进行的风险分析都不足,有的甚至直接模仿上级应急预案内容,导致下级部门缺乏对本区域和本部门风险的全面认识,直接影响了应急预案在应急管理工作中的效果。

第二,地方特别是基层应急预案编制基础不牢。一些地方政府在突发事件发生前抱有侥幸心理,主动谋划作为少,领导干部风险防范意识不强,开展风险评估与资源调查能力不足,出现"头痛医头、脚痛医脚""花钱买平安"等问题,存在"重处置、轻预防"等现象。

二、实施与优化建议

第一,完善风险评估和风险治理的制度保障。应急预案编制应当以风险评估为基础,将风险普查结果转化为具体可操作的应急处置措施,从制度上保障风险治理理念贯彻落实到应急管理全过程。各地政府在应急管理实践工作中,应当进一步加强风险治理的制度保障,将风险治理成效与干部晋升提拔、工作绩效评价等挂钩,强化防范化解风险的基本理念。同时,应急预案编制过程中应当结合区域风险特点,预判各类可能的不确定风险情境,进一步明确风险防范化解的重点领域及监管思路,将应急管理措施与地方的风险分布状况、社会经济情况及安全监管能力等密切结合。

第二,全面摸清各类应急资源底数。开展应急救援产业、应急救援资源等的调查摸底工作，摸清现有应急救援队伍、产业、物资库等基础信息。全面实施灾害风险普查和隐患治理，摸清基层灾害风险隐患底数，制定更加有效的安全防范和应急处置措施。加大财政投入，配备基层信息基础设施，提高技术装备水平，动态更新基层应急管理的物资、人员、隐患、演练等基本信息，形成更加精准、即时更新的台账，提升基层应急管理的信息化、精细化水平。

> **第二十二条【征求意见】** 政府及其有关部门在应急预案编制过程中，应当广泛听取意见，组织专家论证，做好与相关应急预案及国防动员实施预案的衔接。涉及其他单位职责的，应当书面征求意见。必要时，向社会公开征求意见。
>
> 单位和基层组织在应急预案编制过程中，应根据法律法规要求或实际需要，征求相关公民、法人或其他组织的意见。

◆ 条文主旨

本条是关于应急预案编制过程的意见征求、组织论证的规定。

◆ 核心概念

征求意见：是指应急预案编制者在应急预案的起草或审议阶段，通过讨论会、座谈会、听证会等形式广泛征求相关主体的意见，必要时可以将应急预案的草案及有关资料向社会公布，从而为应急预案的修改完善提供参考或借鉴的活动。

国防动员实施预案：《中华人民共和国国防动员法》第十五条规定，"国家实行国防动员计划、国防动员实施预案和国防动员潜力统计调查制度"。其中，国防动员实施预案是指为应对战争或其他严重威胁而预先制定的国防动员实施活动方案。

第三章 规 划 与 编 制

◆ 理解与适用

征求意见是政策制定者与政策相关者进行互动、塑造共识的重要民主机制，在我国重大决策过程中越来越受到重视。新修订《突发事件应对法》第二十八条增加了应急预案征求意见的相关规定，强调"应急预案制定机关应当广泛听取有关部门、单位、专家和社会各方面意见，增强应急预案的针对性和可操作性"。本条规定政府及其部门、单位和基层组织两类应急预案编制主体，均应当在应急预案编制过程中广泛征求意见。相较于2013版《办法》，此次修订主要做了两方面修改：①在征求意见中增加了"组织专家论证"。本《办法》第一条就强调了要"增强应急预案的针对性、实用性和可操作性"，应急预案编制部门和单位囿于应急管理专业知识相对缺乏，编制应急预案过程中可能会有所疏漏，组织专家论证能够更好地保障应急预案的科学性与可行性。②在预案衔接中增加了与"国防动员实施预案"的衔接。习近平总书记在二十届中央国家安全委员会第一次会议上强调要"深刻认识国家安全面临的复杂严峻形势，准备经受风高浪急甚至惊涛骇浪的重大考验"。当前，我国面临复杂严峻的国家安全形势，未来一个时期的突发事件与国家安全风险交织叠加，因此，突发事件应急预案需要与国防动员实施预案等充分衔接。

一、政府及其部门

本条第一款明确了政府及其有关部门在应急预案编制时需要广泛听取意见，并组织专家论证，同时还应在涉及其他单位职责时书面征求其他单位意见。此外，政府及其有关部门应急预案编制需要做好与相关应急预案及国防动员实施预案的衔接，并在必要时向社会公开征求意见。

《突发事件应急预案管理办法》解读

我国重大政策文件在准备起草、修改论证以及审议出台等阶段均存在各种方式的征求意见,政策制定者通过下发书面通知、会议审议讨论、召开专题座谈会以及举办网络建言献策活动等方式,与现任领导干部、党内老同志、党外人士、社会精英人士、专家学者以及基层干部群众等各类政策相关者进行互动。2000年3月15日通过的《中华人民共和国立法法》第34条、第35条、第36条规定了全国人民代表大会常务委员会在制定法律时要听取有关机关、组织、专家以及社会各方面的意见;第58条明确规定,行政法规在起草过程中,应当广泛听取有关机关、组织和公民的意见。听取意见可以采取座谈会、论证会、听证会等多种方式。2001年11月16日国务院通过的《行政法规制定程序条例》第12条、第19条第2款、第20条、第21条、第22条规定了国务院在制定行政法规过程中须广泛征求社会意见;同年国务院制定的《规章制定程序条例》第14条、第15条、第21条、第22条、第23条也规定了规章制定主体在制定规章过程中要广泛征求社会主体的意见。一些地方的政策文件,如《北京市人民政府法制办公室关于地方性法规规章草案公开征求意见的若干规定》《广州市规章制定公众参与办法》《哈尔滨市政府规章制定程序规定》等对地方立法的公开征求意见作出了制度规定。

尽管有部分学者认为,应急预案不具备"法"的属性,但政府及其部门应急预案仍是人民政府在非常规情景下采取行政措施的重要政策依据。因此,应急预案应当参照其他政策文件征求意见制度的规定,在编制过程和发布之前征求相关主体的意见。

征求意见的方式应为召开专家论证会、部门座谈、问卷调查等。同时,对收集到的意见,相关部门应当设置专门人员负责整理,除不应有群众参加的专项会议或保密会议,可适当安排企事业单位或群众代表列席,并允许与会代表提出疑问和质疑。此外,若应急预案内容涉及的技术性很强,则有必要邀请有关专家到会,认真听取专家的意见和建议。

二、企事业单位和基层组织

本条第二款规定,单位和基层组织根据法律法规要求或按照实际需要,征求相关公民、法人或其他组织的意见。企事业单位和基层组织应急预案编制成本有限、难度各异,征求意见环节易被忽略。大型企事业单位资金、人手相对充足,其应急预案意见征求相对比较充分,部分企事业单位也会请专家帮助论证。但对于小型企业、基层组织来说,应急预案编制就倾向于简化内容,尽量减少编制成本,征求意见存在一定难度。对于这部分主体,可以有选择地进行意见征集,如小型企业以召开单位内部座谈会、专题会的方式征求内部直接相关人员对应急预案实用性和可操作性的意见。

◆ 实践难点与适用指引

一、现存问题分析

第一,征求意见的回应性不足。尽管多数政府部门在应急预案编制过程中已经设置了征求意见环节,但由于没有硬性制度规定,反馈的意见往往只关注本部门职责,对应急措施的针对性和可操作性回应度较低,相关部门对应急预案总体的回应性不足。同时,由于征求意见涉及的部门数量过多等客观因素,同时应急预案具有较强的专业性,因此有些部门选择敷衍回应或不作回应,导致征求意见制度发挥的作用有所降低。

第二,征求意见的专家辅助和公众参与不足。除了专门的专家论证环节,应急预案往往较少获得专家和公众的意见。一方面,应急预案的内容具有一定的专业性,普通公众在应急基础知识不足、应急文化普及不够的情况下，难以对应急预案提出有关意见；另一方面，应急预案往往与风险隐患相关，具有一定的保密性，在编制环节相关专家或个人接触不到。

二、实施与优化建议

第一，创新回应方式。2007年国务院法制办借助计算机和互联网技术，开辟了"行政立法草案意见征集管理信息系统"，该系统实现了对意见的自动整理、加工和分类统计，方便了政府立法工作人员准确收集公众意见，科学分析公众需求，回应或反馈公众意见，同时也便于社会公众提交意见。在现代社会，为满足"无纸化"办公以及提高行政效率、降低成本等需求，并考虑到欠发达地区专家力量欠缺的现状，应急预案编制修订可以充分应用这些征求意见的技术手段。

第二，提高征求意见的质量和专业性。在征求相关部门、专家和公众意见时，对集中反映的问题，要高度重视，进行专门研讨并修改完善；对少数专家的合理意见，也予以充分考虑和必要体现，真正做到多元主体协同有序。同时进一步加强专家辅助的功能，因为多数应急预案涉及非常专业的灾害事故等风险情景，而这些专业知识或技术超出了一般公共行政或公共服务的领域，必须进行专家论证，以保障应急预案的科学性和实用性。

第四章 审批、发布、备案

第二十三条【报送审批】 应急预案编制工作小组或牵头单位应当将应急预案送审稿、征求意见情况、编制说明等有关材料报送应急预案审批单位。因保密等原因需要发布应急预案简本的，应当将应急预案简本一并报送审批。

◆ 条文主旨

本条是关于应急预案有关材料报送的规定。

◆ 核心概念

应急预案简本：是应急预案的简化版，主要是在删减涉及安全及风险信息等保密内容后向社会公开，作用是广泛宣传和普及应急知识，提高公众的应急意识和能力。

◆ 理解与适用

相较于2013版《办法》，此次修订对送审材料做了更为规范的表述，将"各有关单位复函和意见采纳情况说明"改为"征求

《突发事件应急预案管理办法》解读

意见情况",将"编制工作说明"改为"编制说明"。

本条主要规定了三方面内容:一是明确了应急预案报送单位,即应急预案编制工作小组或牵头单位;二是规定了应急预案报送审批的材料包括应急预案送审稿、征求意见情况、编制说明等;三是规定了有保密等特殊情况的应急预案,应当将应急预案简本一并报送审批。

在《办法》的基础上,各类突发事件应急预案管理办法对报送材料作了更为详细的规定。例如,《突发事件卫生应急预案管理办法》第二十四条规定,卫生应急预案编制部门和单位应当向预案审查单位提供预案送审稿、编制说明、征求意见采纳情况、内部评审情况等有关材料,除一般材料外,还需报送内部评审情况;《突发环境事件应急预案管理暂行办法》第十六条规定,报送应当提交突发环境事件应急预案备案申请表、环境应急预案评估意见、环境应急预案的纸质文件和电子文件。

此外,一些地方政府对于应急预案报送材料的内容也提出了具体的要求。例如,《某市突发事件应急预案管理办法》第十四条规定,"预案编制牵头单位上报审批的材料包括:请示发文的正式公函(含请示发文的正式公函、编制说明和预案送审稿)、向有关部门内部征求意见的正式公函(含预案征求意见的正式公函、各部门反馈意见正式公函和意见采纳说明)、专家评审意见(含专家评审意见、专家组组成名单、组长签名)。预案送审稿须经本级预案管理部门审核通过"。

第二十四条【审核内容】 应急预案审核内容主要包括:
(一)预案是否符合有关法律、法规、规章和标准等规定;
(二)预案是否符合上位预案要求并与有关预案有效衔接;

（三）框架结构是否清晰合理，主体内容是否完备；

（四）组织指挥体系与责任分工是否合理明确，应急响应级别设计是否合理，应对措施是否具体简明、管用可行；

（五）各方面意见是否一致；

（六）其他需要审核的内容。

◆ **条文主旨**

本条是关于应急预案报送后审核内容的规定。

◆ **理解与适用**

本条相较于2013版《办法》优化了审核内容。本条在第一款和第二款不仅强调了应急预案应当符合有关法律、法规、规章和标准等规定，即应急预案的合法性；也强调了与上级应急预案和相关应急预案的衔接性。需要注意的是，应急预案评审采取形式评审和要素评审两种方法。形式评审主要用于应急预案备案时的评审，对应急预案的层次结构、内容格式、语言文字、附件项目以及编制程序等内容进行审查，重点审查应急预案的规范性和编制程序。要素评审用于生产经营单位组织的应急预案评审工作，具体包括危险源辨识与风险分析、组织机构及职责、信息报告与处置、应急响应程序与处置技术等关键要素。本条规定了五个方面的具体审核内容：

（1）合法性，应急预案是否符合有关法律、法规、规章和标准等规定；

（2）衔接性，应急预案是否符合上位预案要求并与有关应急预案有效衔接；

（3）完整性，框架结构是否清晰合理，主体内容是否完备；

（4）实用性，组织指挥体系与责任分工是否合理明确，应急响应级别设计是否合理，应对措施是否具体简明、管用可行；

（5）协调性，各方面意见是否一致，主要指应急预案中涉及的相关主体，对应急预案相关规定和应急措施应当认可并形成一致意见。

应急预案评审采用符合、基本符合、不符合三种意见进行判定。对于基本符合和不符合的项目，应给出具体修改意见或建议。

应急预案评审不区分内审和外审，但参加应急预案评审的人员应当包括有关安全生产及应急管理方面的专家。应急预案评审不能代替评估。应急预案评审为公布、备案前的程序，评审或者论证注重基本要素的完整性、组织体系的合理性、应急处置程序和措施的针对性、应急保障措施的可行性、应急预案的衔接性等内容。应急预案评估为预案实施阶段的环节，主要在应急预案演练或者实施后，对应急预案内容的针对性和实用性进行分析，并对应急预案是否需要修订作出结论。

为了进一步规范应急预案审批程序、细化应急预案审批内容，在应急预案管理实践中，应当从以下三个方面进行优化完善：

一是着力完善应急预案报送审批的具体要求。结合学界研究成果和应急管理部门实践经验，将应急预案审批标准细化为更加具体可衡量的定性或定量审核指标，明确应急预案审批单位、审批材料等详细规定，以此提升审批的科学性和客观性。

二是充分运用数字化平台来提升应急预案审批效率。建设应急预案数据库及相关应急管理领域信息训练大模型，实现对应急预案内容的智能化、全天候、全类型审核。

三是对于重点行业企事业单位应急预案、联合应急预案、巨灾应急预案等具有一定特殊性的应急预案，需要结合应急管理实践出台针对性审批政策。同时，对于小微企业、基层组织等应急预案审批的要求，需要综合考虑应急预案审批带来的行政负担。

第四章 审批、发布、备案

第二十五条【审批印发主体】 国家总体应急预案按程序报党中央、国务院审批,以党中央、国务院名义印发。专项应急预案由预案编制牵头部门送应急管理部衔接协调后,报国务院审批,以国务院办公厅或者有关应急指挥机构名义印发。部门应急预案由部门会议审议决定、以部门名义印发,涉及其他部门职责的可与有关部门联合印发;必要时,可以由国务院办公厅转发。

地方各级人民政府总体应急预案按程序报本级党委和政府审批,以本级党委和政府名义印发。专项应急预案按程序送本级应急管理部门衔接协调,报本级人民政府审批,以本级人民政府办公厅(室)或者有关应急指挥机构名义印发。部门应急预案审批印发程序按照本级人民政府和上级有关部门的应急预案管理规定执行。

重大活动保障应急预案、巨灾应急预案由本级人民政府或其部门审批,跨行政区域联合应急预案审批由相关人民政府或其授权的部门协商确定,并参照专项应急预案或部门应急预案管理。

单位和基层组织应急预案须经本单位或基层组织主要负责人签发,以本单位或基层组织名义印发,审批方式根据所在地人民政府及有关行业管理部门规定和实际情况确定。

◆ **条文主旨**

本条是关于不同类别应急预案审批和印发主体与程序的规定。

◆ **核心概念**

审批:对下级呈报上级的公文进行审查批示。

印发:将公文盖上印章后发出。联合印发指因公文事项涉及数个单位,由相关部门联合签署后再印发,发文单位的第一位应署牵

《突发事件应急预案管理办法》解读

头部门名称,并在发文中使用其文号。公文印发前的工作还包括拟稿、审核、签发、复核等。

转发: 即批转发送,指把有关文件转给下属单位。

签发: 主管人审核同意后签字发出,表示负责。

◆ 理解与适用

本条对各级各类应急预案的审批、印发程序作出明确规定。相较于2013版《办法》,此次修订主要有三方面的修改:①对于国家总体应急预案,增加了党中央为审批和印发主体的规定;对于地方各级人民政府总体应急预案,增加了本级党委为审批和印发主体的规定。《中共中央关于制定国民经济和社会发展第十四个五年规划和二〇三五年远景目标的建议》确定了"十四五"时期经济社会发展必须遵循的五大原则,其中首要的是坚持党的全面领导。此次修订将党中央、各级党委规定为总体应急预案的审批和印发主体,凸显了坚持党对应急管理工作的领导。②增加了专项应急预案送各级应急管理部门衔接协调的规定。为了增强应急预案体系的衔接性与协调性,《办法》第五条规定县级以上人民政府应急管理部门负责指导应急预案管理工作,综合协调应急预案衔接工作。应急预案审批中由应急管理部门进行衔接协调,为应急管理部门履行协调应急预案衔接工作的职能提供了政策依据。③增加了重大活动保障应急预案、巨灾应急预案、联合应急预案的审批和印发规定。《办法》第十二条、第十三条、第十四条分别对重大活动保障应急预案、联合应急预案、巨灾应急预案作出规定,此处与前文规定一脉相承。

一、国家层面应急预案的审批和印发程序

(1)国家总体应急预案由党中央、国务院审批,并以党中央、

第四章　审批、发布、备案

国务院名义印发。目前国家突发事件总体应急预案正在修订中，2024年《国家突发事件总体应急预案（送审稿）》在总体要求中指出，突发事件应对工作要"坚持和加强党的全面领导"。国家总体应急预案是国家应急预案体系的总纲，是党中央、国务院应对处置特别重大突发事件工作的依据，应当由党的最高领导机构和国家最高行政机关审批和印发。

（2）国家专项应急预案由突发事件处置的主要职责部门牵头编制，送应急管理部衔接协调后报国务院审批，以国务院办公厅或有关应急指挥机构名义印发。如《国家森林草原火灾应急预案》由国家森林草原防灭火指挥部办公室牵头编制，报国务院审批后，以国务院办公厅名义向各省（自治区、直辖市）人民政府、国务院各部委和直属机构印发。需要注意的是，专项应急预案针对某一类或某几类突发事件应对工作，涉及多个职能部门，需要有一个综合管理部门来协调多个专项应急预案的内容，因此，本条规定国家专项应急预案应当送应急管理部衔接协调。

（3）国家部门应急预案由部门会议审议决定，以部门名义印发，涉及其他部门职责的，可与相关部门联合印发，必要时由国务院办公厅转发。如《教育系统网络安全事件应急预案》（教技〔2018〕8号）适用于各级教育行政部门及其直属单位、各级各类学校、中国教育和科研计算机网，是由教育部审定并以教育部名义印发的。

二、地方各级政府应急预案的审批和印发程序

（1）地方总体应急预案是地方应急预案体系的总纲，是地方各级党委、人民政府应对特别重大突发公共事件的参照。参照国家总体应急预案的审批和印发程序，地方总体应急预案由本级党委和政府审批，以本级党委和政府的名义印发。

（2）地方专项应急预案应由有关部门编制并送本级应急管理部门衔接协调后，报本级人民政府审批，以本级人民政府办公厅（室）名义或有关应急指挥机构名义印发。例如，《浙江省生产安全事故应急预案》（浙政办发〔2022〕27号）适用于浙江省行政区域内生产安全事故的应对工作，该预案由浙江省应急管理厅编制并报省政府同意后，以浙江省人民政府办公厅名义印发，发文主送各市、县（市、区）人民政府，省政府直属各单位。再如，《某县食品安全突发事件应急预案》适用于该县行政区域内的食品安全突发事件，由该县市场监管局牵头编制并送县应急管理局衔接协调后，报县人民政府审批，以县人民政府名义印发。

（3）地方部门应急预案的审批和印发程序，按照本级人民政府和上级有关部门的应急预案管理规定执行。例如，为落实好中央和四川省委、省政府防汛救灾工作部署，四川省委教育工委、四川省教育厅制定并发布了《四川省教育系统防汛救灾应急预案》（川教工委函〔2021〕64号），作为四川省教育系统处置突发洪涝灾害事件应急准备和响应的工作文件，要求各地各校遵照执行，并参照该预案制定本地区和本校的应急预案。

三、重大活动保障应急预案、巨灾应急预案、联合应急预案的审批和印发程序

（1）重大活动保障应急预案、巨灾应急预案由本级人民政府或其部门审批。如《某市体育赛事活动突发事件应急预案（2022版）》适用于在该市行政区域内举行的各类体育赛事活动较大以上突发事件应对工作，市体育局负责该预案的编制，经市政府批准后，以该市应急管理委员会办公室名义印发。再如《某县暴雨洪涝巨灾应急处置预案》由该县防汛救援指办制定，经县政府同意，以县人民政府办公室名义印发。

（2）跨行政区域联合应急预案审批由相关人民政府或其授权的部门协商确定，并参照政府专项应急预案或部门应急预案管理。例如，为进一步提升京津冀地区地震部门协同应对破坏性地震的工作水平，防范化解地震灾害风险，2021年，河北省地震局会同北京市地震局、天津市地震局编制并印发了《京津冀地震部门地震应急响应专项预案》，该预案由三省（市）地震部门协商确定并参照部门应急预案管理。

四、单位和基层组织应急预案审批和印发程序

单位和基层组织应急预案须经本单位或基层组织主要负责人签发，以本单位或基层组织名义印发，审批方式根据所在地人民政府及有关行业管理部门规定和实际情况确定。

第二十六条【备案程序】 应急预案审批单位应当在应急预案印发后的20个工作日内，将应急预案正式印发文本（含电子文本）及编制说明，依照下列规定向有关单位备案并抄送有关部门：

（一）县级以上地方人民政府总体应急预案报上一级人民政府备案，径送上一级人民政府应急管理部门，同时抄送上一级人民政府有关部门；

（二）县级以上地方人民政府专项应急预案报上一级人民政府相应牵头部门备案，同时抄送上一级人民政府应急管理部门和有关部门；

（三）部门应急预案报本级人民政府备案，径送本级应急管理部门，同时抄送本级有关部门；

（四）联合应急预案按所涉及区域，依据专项应急预案或部门应急预案有关规定备案，同时抄送本地区上一级或共同上一级人民政府应急管理部门和有关部门；

（五）涉及需要与所在地人民政府联合应急处置的中央单位应急预案，应当报所在地县级人民政府备案，同时抄送本级应急管理部门和突发事件应对牵头部门；

（六）乡镇（街道）应急预案报上一级人民政府备案，径送上一级人民政府应急管理部门，同时抄送上一级人民政府有关部门。村（社区）应急预案报乡镇（街道）备案；

（七）中央企业集团总体应急预案报应急管理部备案，抄送企业主管机构、行业主管部门、监管部门；有关专项应急预案向国家突发事件应对牵头部门备案，抄送应急管理部、企业主管机构、行业主管部门、监管部门等有关单位。中央企业集团所属单位、权属企业的总体应急预案按管理权限报所在地人民政府应急管理部门备案，抄送企业主管机构、行业主管部门、监管部门；专项应急预案按管理权限报所在地行业监管部门备案，抄送应急管理部门和有关企业主管机构、行业主管部门。

◆ 条文主旨

本条是关于应急预案备案的负责单位、时限要求、备案材料、备案对象、备案方式等备案程序的规定。

◆ 核心概念

备案： 向主管机关报告事由存案以备查考。
报送： 报告并送交上级或有关部门。
径送： 直接送达，无需层层报送。
抄送： 将文件在主送的同时发送给与公文有关需要知晓或遵照

执行的其他单位。中共中央办公厅、国务院办公厅印发的《党政机关公文处理工作条例》（中办发〔2012〕14号）第三章第九条规定："（十六）抄送机关。除主送机关外需要执行或者知晓公文内容的其他机关，应当使用机关全称、规范化简称或者同类型机关统称。"

◆ 理解与适用

相较于2013版《办法》，此次修订主要有两处修改：一是备案材料增加了"应急预案正式印发文本（含电子文本）及编制说明"的要求。二是在备案程序中增加了抄送单位，并对各类应急预案备案程序进行明确。应急预案备案工作是提高应急预案管理质量和水平的关键环节。当前，应急预案备案工作中政府及其部门、企事业单位、基层组织等主体的备案责任、程序、标准等亟需规范，此次修订针对应急预案备案规范性不足的缺陷，做了更加细化的规定，为应急预案备案工作保质保量高效完成提供了抓手。新修订《突发事件应对法》第二十六条对应急预案体系建设的相关规定中，特别强调了应急预案编制完成后应当按规定备案。

应急预案备案与行政备案的区别在于，备案受理部门对备案文件的审查只是形式审查，审查备案文件是否齐全，不对这些文件的内容进行实质审查。对于责任主体而言，备案是为了规范编修、提高质量、履行法定义务；对于备案管理部门而言，备案是为了收集信息、存档备查、事后管理。本条首先明确了完成应急预案备案的时限为印发后的20个工作日内。根据《党政机关公文处理工作条例》（中办发〔2012〕14号）和《国家行政机关公文格式》（GB/T 9704—2012）要求，本条中"印发后20个工作日内"指从印发日期（含）（非盖章处的成文日期）起计工作日不超过20日。其次，本条提出应急预案备案材料应当包括正式印发文本（含电子文本）

《突发事件应急预案管理办法》解读

及编制说明。综合当前各地应急预案备案的材料要求来看，应急预案备案材料中的"编制说明"通常包括四种：①背景性材料，如编制背景、编制依据、编制过程、编制原则等；②支撑性材料，如风险评估报告、应急资源调查报告等；③评审材料，如征求意见及采纳处理情况、专家评审意见、同级应急管理部门衔接性审核意见等；④其他材料，如其他需要说明的事项。

本条共规定了七类应急预案备案的备案和抄送要求：

（1）县级以上地方人民政府总体应急预案报上一级人民政府备案，径送上一级人民政府应急管理部门，同时抄送上一级人民政府有关部门。具体来说，各省（自治区、直辖市）总体应急预案报国务院备案，径送应急管理部，同时抄送有关部门；各地（市、州）总体应急预案报所在省（自治区、直辖市）人民政府备案，径送所在省（自治区、直辖市）应急管理厅（局），同时抄送有关部门；各县区级总体应急预案报所在市（地、州、盟）人民政府备案，径送所在市（地、州、盟）应急管理局，同时抄送有关部门。

（2）县级以上地方人民政府专项应急预案报上一级人民政府相应部门备案，同时抄送上一级人民政府应急管理部门和有关部门。具体来说，各省（自治区、直辖市）专项应急预案报相应国务院相应部门备案，并抄送应急管理部和有关部门；各市（地、州、盟）专项应急预案报相应省级人民政府相应部门备案，并抄送所在省（自治区、直辖市）应急管理厅（局）和有关部门；各县区级专项应急预案报所在市（地、州、盟）相应委办局备案，并抄送所在市（地、州、盟）应急管理局和有关部门。

（3）部门应急预案报本级人民政府备案，径送本级应急管理部门，同时抄送有关部门。具体来说，国务院各部委（单位）应急预案报国务院备案，径送应急管理部，同时抄送有关部门；各省级部门应急预案报所在省（自治区、直辖市）政府备案，径送所在省（自治区、直辖市）应急管理厅（局），同时抄送有关部门；各地市级部门应急预案报所在市（地、州、盟）政府备案，径送所在市（地、州、盟）应急管理局，同时抄送有关部门；各县区级部门应急预案报所在县（区）政府备案，径送所在县（区）应急管理局，同时抄送有关部门；各乡镇部门应急预案报所在镇（乡）政府备案，径送所在镇（乡）应急办，同时抄送有关部门。

（4）联合应急预案按所涉及区域，依据专项应急预案或部门应急预案有关规定备案，同时抄送本地区上一级或共同上一级人民政府的应急管理部门和有关部门。与2013版《办法》相比，本款是新增加的内容。省级联合应急预案印发时，应抄送应急管理部和有关部门；地市级联合应急预案印发时，应抄送所涉及省（自治区、直辖市）的应急管理厅（局）和有关部门；县区级联合应急预案印发时，应抄送所涉及地（市、州）的应急管理局和有关部门；乡镇级联合应急预案印发时，应抄送所涉及县（区）的应急管理局和有关部门。

（5）涉及需要与所在地人民政府联合应急处置的中央单位应急预案，应当报所在地县级人民政府备案，并抄送同级应急管理部门和突发事件牵头部门。以在京中央单位为例，涉及需要与所在地人民政府联合应急处置的应急预案，应当报单位所在地街道（乡镇）备案，并抄送所在区应急管理局和突发事件应对的牵头部门。

（6）乡镇（街道）应急预案报上一级人民政府备案，径送上一级人民政府应急管理部门，同时抄送上一级人民政府有关部门。具体来说，包括总体应急预案在内的各类乡镇（街道）应急预案均须报所在县（市、区）人民政府备案，径送所在（市、区）人民政府应急管理局。村（社区）的各类应急预案均应报所在乡镇（街道）备案。乡镇（街道）、村（社区）的应急预案备案进行单独规定，呼应了上述对乡镇（街道）、村（社区）应急预案内容应当简明、灵活、实用的要求，减轻了基层备案的负担。

（7）中央企业指中央人民政府（国务院）或委托国有资产监督管理机构行使出资人职责，领导班子由中央直接管理或委托中央组织部、国务院国资委或其他中央部委管理的国有独资或国有控股企业。中央企业集团总体应急预案报应急管理部备案，抄送企业主管机构、行业主管部门、监管部门；有关专项应急预案向国家突发事件应对牵头部门备案，抄送应急管理部、企业主管机构、行业主管部门、监管部门等有关单位。以中国农业发展集团有限公司例，该中央企业的总体应急预案应报应急管理部备案，抄送企业主管机构国务院国资委和行业主管部门农业农村部等；其地震应急预案应向中国地震局备案，抄送应急管理部、国务院国资委、农业农村部等有关单位。新版《办法》还更为细化地要求，中央企业集团所属单位、权属企业的应急预案按管理权限报所在地人民政府应急管理部门或行业监管部门备案，并抄送有关部门。

◆ **实践难点与适用指引**

一、现存问题分析

第一，遗漏应急预案备案这一环节，或备案程序错误。如备案的主体错误，应由应急预案的审批单位申请备案，而非制定单位、发文单位。再如，备案的对象错误，容易忽视抄送应急管理部门，仅向上级政府或部门备案。

第二，备案材料不全。除正式印发的应急预案原件外，应急预案的电子文本、编制说明等也应备案。

第三，备案对象不准确。部分中央企业应急预案可能仅向应急管理部和国家突发事件应对牵头部门备案，未抄送企业主管部门、

第四章 审批、发布、备案

行业主管部门、监管部门；中央企业集团所属单位、权属企业的应急预案仅向企业集团总部备案等。

二、实施及优化建议

第一，应急预案审批单位要及时完成预案备案，清楚把握预案的备案对象，特别是要注意各类应急预案均需向有关应急管理部门备案或抄送。

第二，要备全材料，不遗漏，新版《办法》增加了对备案材料的要求，要注意将正式印发的文本（含电子文本）及编制说明完整备案。

第三，中央企业集团的总体应急预案和专项应急预案应分别报应急管理部和国家突发事件应对牵头部门，并抄送有关部门，所涉及的备案对象、过程、内容等细节问题建议企业与应急管理部或企业主管机构对接，按照有关要求做好备案工作。

> **第二十七条【备案管理】** 国务院履行应急预案备案管理职责的部门和省级人民政府应当建立应急预案备案管理制度。县级以上地方人民政府有关部门落实有关规定，指导、督促有关单位做好应急预案备案工作。

◆ **条文主旨**

本条是关于建立应急预案备案管理制度与备案工作指导监督机制的规定。

◆ **理解与适用**

本条是此次修订新增的条款，对应急预案备案管理制度建设提出要求。本条明确了各级政府均有应急预案备案管理的职责。在中央层面，应急预案备案管理工作由国务院履行相应职责的部门负责；在省级层面，应急预案备案管理工作由各省（自治区、直辖市）人民政府及有关部门负责；在其他县级（含）以上层面，应急预案备案管理工作由相应的县级以上地方人民政府有关部门负责。具体职责为：中央政府和地方各省、市、县政府履行相关职责的部门应完善实施办法，指导、督促本级管理权限范围内的有关部门、单位做好应急预案备案工作；其中，国务院有关部门和各省级人民政府还要通过制度性建设加强对应急预案备案的管理。

各企事业单位、基层组织应当按照属地建立的应急预案备案管理制度，落实好应急预案备案工作。企事业单位、基层组织的应急预案备案是不属于行政许可、行政确认的一种行政行为。对于企事业单位和基层组织而言，备案是为了规范编修、提高质量、履行法定义务。应急预案备案实行属地管理、统一备案，一般情况下，备案受理部门为所在地（县级及以上）行业主管部门或应急管理部门。

◆ 实践难点与适用指引

一、现存问题分析

其一，应急预案备案的制度要求相对散乱。备案管理的规范要求是应急预案备案制度实施的核心问题。当前对应急预案备案事项的实施程序与要求未作统一规定，不同主体、不同行业、不同层级应急预案备案的事项规定散见于各地、各行业应急预案管理办法中。其中，最明显的表现有两点：一是同一类型的应急预案备案在不同地方或不同层级备案工作的实施过程中遵循不同的程序或要求；二是同一备案管理主体在接收不同类型应急预案时有时遵循不同的备案要求。

其二，对应急预案备案的监督检查缺位。应急预案备案管理是预案管理的重要环节之一。尽管有些领域的备案管理办法对应急预案管理的监督制度作出了规定，但规定内容的原则性都比较强，缺少相关的操作性手段。且各地对备案管理的理解不一致，重视程度不同，处理也不一样；对应急预案备案的必要性和重要性认识不足，在一定程度上降低了对应急预案备案管理措施落实情况的监管要求。

其三，当前有些备案程序规定仅对初始信息备案程序作了规定，但缺少对后续修订、纠正程序的规定。另外，应急预案备案管理常通过工作层面的沟通协商来解决问题，缺少强制性的规制措施来保障纠错责任的履行。备案管理是应急预案管理的重要手段，有利于及时发现和纠正不适当、不衔接的应急预案，促进应急预案体系的规范化与系统化建设。备案程序不仅包括初始信息备案程序，而且还包括信息变更及修订、纠正程序。纠正备案审查中发现的应急预案不适当、不衔接的内容，需要有一套行之有效的纠错机制作为保障。对存在不适当情形的应急预案，受理部门需要予以反馈及纠正。

二、实施与优化建议

应急预案备案管理部门应依据《中华人民共和国突发事件应对法》《办法》和有关法律法规对应急预案管理的要求，结合地方或行业实际，及时制定既便于操作又能有效实现预期目标的应急预案备案管理制度。备案管理制度的内容包括备案主体、备案材料、备案时限、备案对象、信息公开等，对于可能出现的不备案、乱备案、不告知等行为可进行列举，明确责任界限。

应急预案备案管理部门要按照制定的制度做好工作落实，针对以往未备案的应急预案抓紧集中备案，采用汇总、指导、责任倒查等方式加强对应急预案的备案监督。汇总、整理、归档并建立数据库，主要是为了收集整理信息，夯实政府预案基础。备案指导是基于提高应急预案质量对备案部门提出的要求，包括采取档案检查、实地核查等方式的个别指导和对汇总分析抽查结果的整体指导。责任倒查是在突发事件发生后，备案部门将应急预案的制定、备案、日常管理及实施情况纳入事件调查处理范围。对于不制定、不备案，或者提供虚假文件备案的行为，应责令限期改正，并依据有关法律法规给予处罚。

> **第二十八条【预案公开】** 政府及其部门应急预案应当在正式印发后20个工作日内向社会公开。单位和基层组织应急预案应当在正式印发后20个工作日内向本单位以及可能受影响的其他单位和地区公开。

◆ 条文主旨

本条是关于应急预案向社会公开时限与范围的规定。

◆ 核心概念

向社会公开：《中华人民共和国政府信息公开条例》第十九条规定，对涉及公众利益调整、需要公众广泛知晓或者需要公众参与决策的政府信息，行政机关应当主动公开；第二十条规定，行政机关应当主动公开突发公共事件的应急预案、预警信息及应对情况。政府应急预案属于法定公开内容。

第四章　审批、发布、备案

◆ **理解与适用**

相较于 2013 版《办法》，此次修订对应急预案公开作了更明确的规定，提出了公开时限的要求，并增加了对单位和基层组织应急预案公开的规定。

一、政府及其部门

一般情况下，政府及其部门应急预案应向社会公开发布。本条首先规定了政府及其部门应急预案应当在正式印发后 20 个工作日内向社会公开。本条没有规定具体公开方式，通常政府及其有关部门在政府门户网站或信息公开平台公布，并根据需要在本行政区域主要报刊、电视等媒体予以公布。对主动索取文本内容的，应给予支持帮助，提供获取途径。此外，法律、法规另有规定的，或确需保密的政府及其部门应急预案，应当根据《中华人民共和国保守国家秘密法》《中华人民共和国政府信息公开条例》等相关法律法规的规定决定其是否向社会公布，通常制作应急预案简版后向社会公布，或按照有关规定确定其公布的对象、范围、时限等。

二、单位和基层组织

本条规定了单位和基层组织应急预案公开要求，要求单位和基层组织应急预案应当在正式印发后 20 个工作日内向本单位以及可能受影响的其他单位和地区公开。单位和基层组织应急预案不强制进行全社会公开，可以采用内部发布的方式公开。但需要注意的是，应急预案涉及其他单位及地区的，如一些大型企事业单位和基层组织，应当向可能受影响的单位和地区定向公开。

《突发事件应急预案管理办法》解读

◆ **实践难点与适用指引**

一、现存问题分析

政府及其部门信息公开的意识不强，或不将应急预案视作政府信息公开的范畴，有关法律、法规不健全；对于非确需保密的政府及其部门的应急预案，可能存在不主动向社会公布或不及时向社会公布的情况。

单位和基层组织可能存在不能较好把握应急预案公布范围，影响应急预案作用发挥的情况。由于单位和基层组织应急预案不须向社会公布，因此其公布范围具有较大的灵活性，可能存在不主动或者不及时向本单位（基层组织）以及可能受影响的其他单位和地区公布的情况。

二、实施与优化建议

政府及其部门应提高信息公开和公共服务意识，将应急预案公开作为普及应急知识、提升公众应急能力的重要渠道。上级政府或主管部门应当将应急预案公开情况作为绩效考核指标之一，加强对应急预案公开的指导监督。

单位和基层组织要客观评估有关应急预案可能影响的范围，从而研究确定应急预案的其他公布对象。应急预案审批、管理部门要加强指导，对应增加公开对象、扩大公布范围的应急预案，及时向有关单位或基层组织提出意见建议。各单位（基层组织）保密部门工作人员要参与做好有关工作，避免泄露秘密或侵犯个人隐私。

第五章 培训、宣传、演练

第二十九条【组织实施与跟踪】 应急预案发布后,其编制单位应做好组织实施和解读工作,并跟踪应急预案落实情况,了解有关方面和社会公众的意见建议。

◆ 条文主旨

本条是关于应急预案的组织实施、解读与跟踪的规定。

◆ 理解与适用

本条是此次修订的新增条款。应急预案经过编制、审批、印发、备案、公布等环节后,就进入了实施和解读阶段。加强应急预案解读工作,对帮助落实预案各项举措要求、规范执行行为、依法保障人民群众合法权益具有重要作用。本条规定体现了国家对推动应急预案落实到应急管理实践的重视。

本条规定了应急预案编制单位负有对其组织实施、解读说明、跟踪落实的工作职责。县级以上人民政府总体应急预案由本级人民政府应急管理部门组织实施和解读;专项应急预案由本级人民政府

《突发事件应急预案管理办法》解读

相关类别突发事件应对牵头部门组织实施和解读；县级以上人民政府部门应急预案，乡镇级人民政府、单位和基层组织等应急预案由有关制定单位组织实施和解读。

"组织实施"是指应急预案编制单位根据公布后的应急预案对相关工作做出明确安排，并组织人力、财力、物力等贯彻落实应急预案各项要求的过程。应急预案解读工作的重点包括：应急预案编制或修订背景、组织指挥体系、应急工作机制、风险防范和应对措施、涉及公众利益的重要事项等。编制单位要在组织实施和解读工作中及时跟踪应急预案落实情况，借此了解各方意见建议。

◆ **实践难点与适用指引**

一、现存问题分析

由编制单位以外的其他部门代替编制单位作官方层面的组织实施和解释说明。如有些企事业单位委托高校、社会组织等第三方机构代表其编制起草说明并向社会发布和解读。此外，应急预案向社会公布后，忽视了跟踪应急预案落实情况，未能充分了解有关方面和社会公众的意见建议。

二、实施及优化建议

编制单位要切实履行主体责任，把应急预案组织实施落到实处，采取开展活动、印发读物、组织宣讲等方式认真做好解读工作。应急管理部门要开展有效的督导和检查，及时指导应急预案编制部门结合应急预案的实施效果总结经验和教训，按照有关方面和社会公众意见建议及时更新完善应急预案文本。

各单位、部门对在应急预案组织实施工作中作出突出贡献的先进集体和个人，应按照有关规定给予表彰和奖励；对玩忽职守造成

第五章 培训、宣传、演练

损失的，应当依据国家有关法律法规追究当事人的责任；构成犯罪的，依法追究其刑事责任。

> **第三十条【人员培训】** 应急预案编制单位应当通过编发培训材料、举办培训班、开展工作研讨等方式，对与应急预案实施密切相关的管理人员、专业救援人员等进行培训。
>
> 各级人民政府及其有关部门应将应急预案培训作为有关业务培训的重要内容，纳入领导干部、公务员等日常培训内容。

◆ 条文主旨

本条是关于应急预案管理培训机制的规定。

◆ 核心概念

业务培训：组织为从事专项工作的对象提供的知识性、技能性培训，培训的具体内容、时间和方式视该项工作的需要确定。中共中央《干部教育培训工作条例》第十二条规定，干部应当根据不同情况参加相应的教育培训：……（六）从事专项工作的专门业务培训；第二十二条规定，业务知识培训应当根据干部岗位特点和工作要求，有针对性地开展履行岗位职责所必备知识的培训，加强各种新知识新技能的教育培训，帮助干部提高专业素养和实际工作能力。

◆ 理解与适用

相较于2013版《办法》，此次修订将应急预案培训作为"应急管理培训的重要内容"修改为"作为有关业务培训的重要内容"，扩大了应急预案培训的范围。《突发事件应对法》第三十八

《突发事件应急预案管理办法》解读

条规定:"县级以上人民政府应当建立健全突发事件应对管理培训制度,对人民政府及其有关部门负有突发事件应对管理职责的工作人员以及居民委员会、村民委员会有关人员定期进行培训"。应急管理培训在实践中多指专题培训,以提升应急管理干部应急处突中的政治素质、专业技术和科学决策能力为目标,培训对象包括应急管理部门、应急指挥部相关成员单位、应急救援队伍等。然而,突发事件应急管理工作是全流程、全方位的,许多部门日常工作中也需要做好应急准备工作,应急预案培训作为业务培训,有助于提前做好应急准备与风险防范工作。

本条第一款明确了应急预案编制单位负有组织开展应急培训的职责,培训对象为与应急预案实施密切相关的管理、生产、救援等各类人员。如《国家森林草原火灾应急预案》规定,国家森林草原火灾应急预案实施后,国家森林草原防灭火指挥部会同有关部门组织预案学习、宣传和培训。本条第一款同时指出,培训可以通过编发培训材料、举办培训班、开展工作研讨等方式进行。如《国家处置民用航空器飞行事故应急预案》规定,各级民用航空行政管理部门应组织民用航空应急预案的学习和培训,加强国内外技术交流和研讨,提高应急处置、事故调查等专业技术人员的业务知识水平。

本条第二款规定了各级人民政府及其有关部门应当在有关业务培训中将应急预案培训作为重要内容,并纳入领导干部、公务员、应急管理干部等日常培训内容。党委组织部门、党校(行政学院)等政府及其培训管理部门应组织开展应急预案培训,特别是要将相关内容作为干部培训的日常内容,培训对象覆盖应急管理干部在内的各级各类领导干部。

此外,应急预案的编制单位可以与组织人事部门联合举办培训,或委托党校(行政学院)等施训机构开展培训。如中央组织

第五章 培训、宣传、演练

部、中央党校（国家行政学院）、应急管理部每年联合举办厅局级干部"应急管理与突发事件处置专题培训班"，培训对象为市（地、州、盟）政府分管负责同志和中央和国家机关有关部委相关司局负责同志。该班学习贯彻习近平总书记关于应急管理工作的重要论述，围绕完善应急管理体系、防范化解重大安全风险、重大事故应急处置、媒体沟通与舆论引导等开展学习研讨、模拟演练。

◆ **实践难点与适用指引**

当前应急预案培训仍存在一定的走形式、走过场现象，甚至部分企事业单位采用虚构培训课程及课时的方式，规避培训责任。各培训机构和管理部门在应急预案教育培训中常出现只注重理论宣传教育，与应急实践演练脱节；培训内容不专业、不规范；违反培训有关纪律要求等问题。

针对上述问题，要进一步完善应急预案培训工作计划与监督机制，健全应急预案培训工作机制；按需精心设计培训项目，创新培训方式方法，加强应急预案培训有关课程教材建设；严格学风教风管理，加强培训质量评估，切实提高培训的针对性、有效性；按照"谁编制、谁培训、谁负责"的原则，严把应急预案有关培训的课程关、师资关、教材关；坚持理论联系实际，改造形式化和脱离实际的培训，坚持实践导向、问题导向，引导应急管理干部和专业救援人员做到学以致用。

第三十一条【宣传普及】 对需要公众广泛参与的非涉密的应急预案，编制单位应当充分利用互联网、广播、电视、报刊等多种媒体广泛宣传，制作通俗易懂、好记管用的宣传普及材料，向公众免费发放。

《突发事件应急预案管理办法》解读

◆ 条文主旨

本条是关于应急预案宣传普及的规定。

◆ 理解与适用

相较于2013版《办法》，本条内容未作改动。应急管理是一项系统工程，涉及主体包括政府及其部门、企事业单位、社会组织、公众等，其中，公众是应急管理重心下移和关口前移的关键。《突发事件应对法》第四十二条规定，"县级人民政府及其有关部门、乡级人民政府、街道办事处应当组织开展面向社会公众的应急知识宣传普及活动和必要的应急演练。居民委员会、村民委员会、企业事业单位、社会组织应当根据所在地人民政府的要求，结合各自的实际情况，开展面向居民、村民、职工等的应急知识宣传普及活动和必要的应急演练。"本条明确了需要公众广泛参与的非涉密的应急预案应当向公众广泛宣传普及，规定应急预案编制单位应当充分利用互联网、广播、电视、报刊等多种媒体，通过制作通俗易懂、好记管用的宣传普及材料，让公众接触、了解应急预案，保障公众的知情权、参与权、监督权，动员公众积极参与突发事件应对处置。

◆ 实践难点与适用指引

一、现实案例及问题分析

为进一步夯实本区社会应急能力素养，提升全民应急意识，北京市顺义区利用各村居主要出入口电子宣传屏开展《顺义区突发事件总体应急预案》和应急演练宣传活动。为达到更好更广泛的宣传效果，满足不同年龄层人群需要，宣导以动画短片的形式呈现，主题包括《顺义区突发事件总体应急预案》修订后的政策性解读和体现应急演练在生活工作中的重要作用两部分内容。社区民众通过观看短片对《顺义区突发事件总体应急预案》的制订背景、意义和响应流程等相关知识有了进一步的了解，对日常开展应急演练工作的重要性有了更加深入的认识。

当前，部分地方政府宣传观念落后，对新媒体手段的学习运用不足。虽然新媒体技术已在政府的日常宣传工作中得到了广泛的应用，但工作人员尚未及时转变宣传观念，依然习惯按照传统方式开展宣传工作，对新媒体的特征和传播方式认知不足，在思想上也不够重视。此外，政府部门的工作人员在撰写新闻通稿和宣传稿件时，相对缺乏"以用户为中心"的互联网思维，忽略了受众的实际需求，加上宣传方式不够亲民，以致实际宣传效果并不理想。

二、实施及优化建议

第一，各地区、各有关部门和生产经营单位要加强应急预案基本知识的宣传教育。特别要注重对基层一线和社会公众的宣传教育，使社会公众和生产经营单位职工了解、掌握自身所涉及应急预案的核心内容，增强应急意识，提升自救互救能力。要充分发挥报纸、电视等传统媒体和网络、微博、微信等新媒体的宣传教育作用，制作通俗易懂、好记管用的宣传普及材料，向公众免费发放，推动应急预案宣传教育"进机关、进基层、进社区、进企业、进学校"，做到应急预案宣传教育全覆盖。

第二，转变宣传观念，加强对新型媒介手段的学习和应用。运用互联网思维重新审视、规划当前政府的应急预案宣传工作，灵活运用先进的新媒体技术来完善应急知识、应急文化宣传内容建设，通过官方网站、微信公众号、官方微博等平台，将应急预案创作成新媒体作品并推动其传播。借助多样化的媒体平台拓宽应急预案的宣传途径，全面增强应急预案内容的传播效果。

> 第三十二条【预案演练】 应急预案编制单位应当建立应急预案演练制度，通过采取形式多样的方式方法，对应急预案所涉及的单位、人员、装备、设施等组织演练。通过演练发现问题、解决问题，进一步修改完善应急预案。
>
> 专项应急预案、部门应急预案每3年至少进行一次演练。
>
> 地震、台风、风暴潮、洪涝、山洪、滑坡、泥石流、森林草原火灾等自然灾害易发区域所在地人民政府，重要基础设施和城市供水、供电、供气、供油、供热等生命线工程经营管理单位，矿山、金属冶炼、建筑施工单位和易燃易爆物品、化学品、放射性物品等危险物品生产、经营、使用、储存、运输、废弃处置单位，公共交通工具、公共场所和医院、学校等人员密集场所的经营单位或者管理单位等，应当有针对性地组织开展应急预案演练。

◆ 条文主旨

本条是关于不同类型应急预案演练的规定。

◆ 核心概念

演练： 也叫现场演练，是对应急工作中需要的某种特殊的或专一的行动或功能实施的练习。根据《国务院突发事件应急演练指南》的相关规定，应急演练是指各级人民政府及其部门、企事业单位、社会团体等（以下统称演练组织单位）组织相关单位及人员，依据有关应急预案，模拟应对突发事件的活动。

第五章 培训、宣传、演练

◆ **理解与适用**

相较于2013版《办法》，此次修订进行了两方面修改：一是明晰了应急预案演练的组织要素包括应急预案所涉及的单位、人员、装备、设施等，指出应急预案演练的目的是通过演练发现问题、解决问题，进一步修改完善应急预案。二是对需要有针对性组织开展应急预案演练的单位进行补充完善。

本条第一款明确了应急预案演练制度的建立健全责任，规定了应急预案编制单位应当定时开展应急预案演练，并采取形式多样的方式方法，对应急预案所涉及的单位、人员、装备、设施等组织演练。应急预案演练是检验应急预案体系针对性、完备性和操作性的最好方式。本条第一款说明了应急预案演练应当起到发现问题、解决问题并作为修改完善应急预案参考的基本作用。以往有一些应急法律、法规对应急准备的保障措施规定得大而化之，使制度没有具体方针准则，实施效果不佳。

本条第二款规定，专项应急预案、部门应急预案演练频率为每三年至少一次。本条第三款针对地震、台风、风暴潮、洪涝、山洪、滑坡、泥石流、森林草原火灾等自然灾害易发区域所在地人民政府，重要基础设施和城市供水、供电、供气、供油、供热等生命线工程经营管理单位，矿山、金属冶炼、建筑施工单位和易燃易爆物品、化学品、放射性物品等危险物品生产、经营、使用、储存、运输、废弃处置单位，公共交通工具、公共场所和医院、学校等人员密集场所的经营单位或者管理单位等特殊单位，要求其应当有针对性地组织开展应急预案演练。此处有针对性的演练是指特殊单位主体应当对本单位负责的、在突发事件中具有脆弱性或较大风险的领域，组织开展经常的、不定期的、有针对性的应急预案演练。

此外，各领域突发事件应急预案管理办法对相应应急预案的演练做出了更细致的要求。如《生产安全事故应急预案管理办法》第三十三条规定，生产经营单位应当制定本单位的应急预案演练计划，根据本单位的事故风险特点，每年至少组织一次综合应急预案演练或者专项应急预案演练，每半年至少组织一次现场处置方案演练。应急预案编制单位应根据自身实际，结合地方有关规定，灵活采用桌面演练、实战演练、专项演练、综合演练等形式，有针对性地组织开展应急预案演练，提高应急处置能力。

第三十三条【演练评估】 应急预案演练组织单位应当加强演练评估，主要内容包括：演练的执行情况，应急预案的实用性和可操作性，指挥协调和应急联动机制运行情况，应急人员的处置情况，演练所用设备装备的适用性，对完善应急预案、应急准备、应急机制、应急措施等方面的意见和建议等。

各地区各有关部门加强对本行政区域、本部门（行业、领域）应急预案演练的评估指导。根据需要，应急管理部门会同有关部门组织对下级人民政府及其有关部门组织的应急预案演练情况进行评估指导。

鼓励委托第三方专业机构进行应急预案演练评估。

◆ 条文主旨

本条是关于应急预案演练评估内容和评估指导的规定。

◆ 核心概念

演练评估：根据《国务院突发事件应急演练指南》，演练评估是指通过观察、体验和记录演练活动，比较演练实际效果与目标之间的差异，总结演练成效和不足的过程。演练评估应以演练目标为

第五章 培训、宣传、演练

基础。每项演练目标都要设计合理的评估方法和标准。

◆ **理解与适用**

相较于2013版《办法》，此次修订主要做了两方面修改：一是在评估内容中将"应急预案的合理性"修改为"应急预案的实用性"，与《办法》第一条中"增强应急预案的针对性、实用性和可操作性"的目标相呼应；二是增加了应急预案演练评估指导的规定。考虑到基层组织、企事业单位等主体应急预案演练评估的能力有限，要求本地区各有关部门加强对应急预案演练的评估指导，这有助于应急预案演练评估取得更好的效果。此外，由于地方政府及其有关部门对应急管理相关知识的了解程度不足，应急预案演练评估难以找出真问题，因此规定可以根据需要由应急管理部门会同有关部门进行评估指导。

本条第一款明确了应急预案演练应当进行演练评估。应急预案演练是应急管理的重要组成部分，将应急预案演练作为检验突发事件发生时有关单位应急预案可操作性和适用性、协调联动机制及应急处置能力的重要手段是十分必要的。因此，应当进行应急预案演练评估，评估内容包括演练的执行情况，应急预案的实用性和可操作性，指挥协调和应急联动机制运行情况，应急人员的处置情况，演练所用设备装备的适用性，对完善应急预案、应急准备、应急机制、应急措施等方面的意见和建议等。

本条第二款规定了各地区各有关部门应当加强对本行政区域、本部门（行业、领域）应急预案演练的评估指导。同时，根据需要，应急管理部门会同有关部门组织对下级人民政府及其有关部门组织的应急预案演练情况进行评估指导。

本条第三款指出，鼓励委托第三方专业机构进行应急预案演练评估，是为了突出应急预案演练评估的专业性。

◆ 实践难点与适用指引

一、现存问题分析

第一，一定程度存在"重演轻练"的问题，没有真正发挥应急预案演练检验应急预案、提升应急处置能力等作用。有些地方政府和相关部门的应急预案演练常伴随形式主义之风，更多的是浮于表层，没有深入到实质，导致很多时候演练就是一场"演戏"，起不到教育和防范的效果。桌面推演对于指挥官和参演的职能部门的检验不够，组织方为了便于演练推进，大部分内容仍然设计好台词，部分角色仍然找演员替代，就连最后的专家讲评稿都提前准备好，演练实用性不强。

第二，专项应急演练搞得多，综合应急演练搞得少，特别是多灾种耦合、多部门联动、多队伍参与的综合演练比较少。综合演练需要涵盖多个应急预案内容，而应急预案演练往往由某一个应急预案责任单位组织，全要素参与度还不够，地区之间、部门之间、条块之间制度化的信息交流和情报合作不畅，以及各应急协作单位的队伍、装备、物资、专家等基础数据资源共享仍然缺乏。

第三，对应急预案演练重视程度不够，发现问题的思想意识不强。以应急预案演练促进应急预案修订的意识不强，各单位参与演练的人员基础理论和业务能力参差不齐，且当下多数演练都属于完成规定动作，照本宣科地对应急预案中规定的措施进行操作，难免出现"给领导看的，领导满意就好""演练就是表现日常工作"的思想，缺乏在应急预案演练中发现问题、改进工作的意识。

第四，应急预案演练评估要求不严、标准不一。当前应急预案演练评估多是领导讲评或者行业专家点评，按照准备好的材料宣读或简单指出个别无关紧要的问题，难以发现演练过程中的不足之处并提出改进的参考标准。各单位的演练评估基本上没有实现过程评估，而只是作为演练的一个规定环节。从对演练评估的理解来看，评估人员在观测区对演练全程进行评估流于形式，个别单位还存在"演练结果与个人考核直接挂钩""演练中出错将扣奖金""与评估人员多沟通，尽量不要让他们提问题"等现象。

二、实施及优化建议

第一，各地区、各有关部门和生产经营单位要建立应急预案演练制度，广泛开展应急预案演练活动，并进行总结评估，查漏补缺，切实达到提升预案实效、普及应急知识、完善应急准备的目的。政府专项和部门应急预案每3年至少演练一次；生产经营单位综合或专项预案每年至少演练一次，现场处置方案应经常性开展演练，以切实提升带班领导、调度、班组长、生产骨干等关键岗位人员的响应速度和应急能力，提高现场作业人员的应急技能。

第二，突出"实案"，将演练与预案修订完善紧密结合。在应急预案演练中要做到实战指挥、实兵投送、实地展开、实际处置，在科目设置、流程设计、要素参与方面下功夫。在科目设置上贴近实际，场面逼真、层次分明，使全体参演人员有身临其境的感觉和体会；在技术、战术方法的应用上贴近现场实况，使参演人员"真刀真枪"在现场进行应急处置。根据在演练中发现的问题，有针对性地对预案进行修订完善，提升应急预案质量。

第三，加强宣传教育，强化示范引领带动作用，以安全生产月、"5·12"防灾减灾日、"119"消防宣传日等活动为契机，推动应急预案演练"五进"活动广泛开展，切实提高全社会对应急演练重要性的认识。加强应急预案演练执法检查，运用正反两方面案例，倒逼企业提高对应急预案演练工作的重视程度，切实落实应急预案演练主体责任。提升应急预案演练组织策划水平，加强应急预案演练复盘评估工作，不断提升应急预案演练质量和效果。

第四，建立统一的应急预案演练评估标准体系，加强应急预演练评估的监督和检查。制定详细的应急预演练评估指南，明确应急预案演练评估内容、方法和标准，强化应急预演练评估的针对性和实用性，确保评估结果能够真实反映演练的成效和存在的问题。同时，各单位可以成立专门的应急预演练评估机构或委托第三方机构进行应急预演练评估，并对应急预演练评估的过程和结果进行监督和检查，及时整改和处理应急预案演练评估中发现的问题。

第六章 评估与修订

第三十四条【预案评估】 应急预案编制单位应当建立应急预案定期评估制度，分析应急预案内容的针对性、实用性和可操作性等，实现应急预案的动态优化和科学规范管理。

县级以上地方人民政府及其有关部门应急预案原则上每3年评估一次。应急预案的评估工作，可以委托第三方专业机构组织实施。

◆ 条文主旨

本条是关于应急预案定期评估制度的规定。

◆ 核心概念

应急预案评估：是预案实施阶段的内容，主要在预案演练或者实施后，对预案内容的针对性和实用性进行分析，并对应急预案是否需要修订作出结论。

《突发事件应急预案管理办法》解读

◆ 理解与适用

本条规定了应急预案应当定期进行评估的制度要求，指出应急预案编制单位作为责任主体，应当推进应急预案评估制度的建立。相较于 2013 版《办法》，此次修订增加了本条第二款内容，明确了应急预案评估的时限要求，并指出可以委托第三方机构组织实施，这为应急预案评估工作提供了保障。

评估应急预案是确保应急预案的科学性和实用性的重要保障。应急预案是在风险评估基础上的突发事件预防和处置方案，需要随着时代的发展进步、环境和形势的变化，及时进行更新和完善，以真正起到防患于未然的作用。本条第一款明确了应急预案评估的三个方面，即应急预案内容的针对性、实用性和可操作性等，并指出应急预案评估的目的是实现应急预案的动态优化和科学规范管理。参照《生产经营单位生产安全事故应急预案评估指南》，合理评估应急预案内容的针对性、实用性和可操作性等，应当对以下情况进行明确：①法律法规、标准、规范性文件及上位预案中的有关规定变化情况；②应急指挥机构和成员单位（部门）及其职责调整情况；③面临的事故风险变化情况；④重要应急资源变化情况；⑤应急救援力量变化情况；⑥应急预案中的其他重要信息变化情况；⑦应急演练和事故应急处置中发现的问题；⑧其他情况。

本条第二款规范了县级以上地方人民政府及其有关部门应急预案评估的频率为原则上每 3 年评估一次，并指明了评估工作可以委托第三方专业机构组织实施。

第三十五条【预案修订情形】 有下列情形之一的，应当及时修订应急预案：

第六章 评估与修订

（一）有关法律、法规、规章、标准、上位预案中的有关规定发生重大变化的；

（二）应急指挥机构及其职责发生重大调整的；

（三）面临的风险发生重大变化的；

（四）重要应急资源发生重大变化的；

（五）在突发事件实际应对和应急演练中发现问题需要作出重大调整的；

（六）应急预案制定单位认为应当修订的其他情况。

◆ 条文主旨

本条是关于应急预案修订情形的规定。

◆ 理解与适用

本条明确了应急预案应当修订的五种具体情形及其他情况，相较于2013版《办法》仅作表述上的修改，含义没有太大差别。

（1）应急预案的制定以有关法律、行政法规、规章、标准、上位预案为准，且当上述有关规定发生变化时，应急预案应当及时作出相应修订。应急预案修订相关的法律、法规、规章、标准及预案包括：《中华人民共和国宪法》《中华人民共和国突发事件应对法》《中华人民共和国安全生产法》等相关法律，《突发事件应急预案管理办法》、应急预案编制导则等政策文件，《国家突发公共事件总体应急预案》及国务院专项预案和地方各级政府应急预案等预案体系。各级各类应急预案衔接要遵循"下级服从上级，专项服从总体，部门服从专项，应急预案之间不得相互矛盾"的原则。

（2）应急指挥机构及其职责发生重大调整时，应急预案应当

《突发事件应急预案管理办法》解读

及时修改,有关部门应及时商议应急指挥权责,并作出通知、指示。如发生特别重大、重大事故时,应急指挥部根据应急处置需要成立现场指挥部,负责现场决策和指挥工作时,应急预案要根据实际情况迅速做改动;经营企业因兼并、重组、转制等导致隶属关系、经营方式、法定代表人等发生变更的,应急预案也要及时修改,重新界定职责。

(3)面临的风险发生重大变化的。比如,新冠病毒感染疫情防范过程中,从疫情暴发,到动态清零,再到全面胜利,疫情风险情况不断发生变化,针对疫情的应急预案也应当随之调整。

(4)重要应急资源发生重大变化的。如应急队伍编制调整、应急避难场所由于自然原因出现较大变化、应急储备出现较大调整等。

(5)在突发事件实际应对和应急演练中发现问题需要作出重大调整的。如演练过程中发现应急资源调配与实际需求不匹配。

◆ **实践难点与适用指引**

一、现实案例与问题分析

2022年7月,菏泽市应急管理局执法人员依法对辖区内一家一般工贸企业开展执法检查,通过查阅安全生产相关档案资料、生产一线现场勘验和询问有关从业人员后,发现该企业在本单位应急预案编制依据的法律、法规、规章、标准及上位预案中的有关规定发生重大变化时未进行及时修订,对该企业作出罚款10000元的行政处罚。

应急预案修订不及时是应急预案管理的主要问题之一,其原因主要有两点:一是部分政府部门及单位将应急预案视作内部文件,不仅不向社会公示,而且部门或单位内部对是否有此预案、预案内容与要求是什么等都知之甚少,也无处可查,对本级单位的应急预案修订工作来说，不知从何修起，同时给下级单位应急预案修订工作开展造成缺乏参照与修订标准等问题。二是一些地方政府或单位的应急预案多是由第三方专家编制，编制工作直接"外包"，导致政府部门或单位的应急预案管理人员不了解预案内容、不理解预案逻辑，不知道什么情况下应当修订预案。

二、实施及优化建议

第一，建立定期评估机制，并据此形成应急预案修订计划。根据灾害类型、规模和实际风险情况的变化，对应急预案进行定期评估，以评估结果为基础，编制应急预案修订计划，具体规划每一项应急预案修订的内容、工期与负责人。上级政府及相关部门可以指导监督应急预案修订计划的实施，明确预案修订完成时限。

第二，规范应急预案修订的工作流程。应急预案修订的工作流程应至少包括成立应急预案修订工作组、资料收集、风险评估、应急资源调查等步骤。根据各地应急预案管理办法的具体规定，地方政府及其部门应出台应急预案修订工作的实施办法，明确应急预案修订的流程及修订标准，必要时，应急管理部门对其他部门（单位）应急预案修订工作提供建议和指导。

第三，完善应急预案修订责任清单。结合应急预案数据库建设，按照应急管理工作需求，对应急预案进行分类、整理、分析和比较，将预案的应急准备、处置救援等具体措施与突发事件应对所涉及的部门一一对应，明确各类突发事件应对所需应急预案的责任主体，推动应急预案修订责任的落实。

第三十六条【预案修订程序】 应急预案修订涉及组织指挥体系与职责、应急处置程序、主要处置措施、突发事件分级标准

《突发事件应急预案管理办法》解读

> 等重要内容的，修订工作应参照本办法规定的应急预案编制、审批、备案、发布程序组织进行。仅涉及其他内容的，修订程序可根据情况适当简化。

◆ 条文主旨

本条是关于应急预案修订程序的规定。

◆ 理解与适用

《突发事件应对法》第二十八条第二款规定，应急预案应当"根据实际需要、情势变化、应急演练中发现的问题等及时对应急预案作出修订。"本条说明了应急预案内容涉及重要变更，如组织指挥体系与职责、应急处置程序、主要处置措施等内容变化时，需要根据本办法的规定重新进行编制、审批、备案、发布等程序。

> 第三十七条【预案修订建议】 各级人民政府及其部门、企事业单位、社会组织、公民等，可以向有关应急预案编制单位提出修订建议。

◆ 条文主旨

本条是关于应急预案修订过程中各主体提出修订建议的规定。

◆ 理解与适用

一、政府及相关部门

目前，政府及相关部门在应急预案修订中已明确了征求意见环节。本条指出政府及相关部门不仅是应急预案编制的主要责任主体，也是相关应急预案编制单位修订建议的提出者，需要积极主动为各类应急预案修订提出建设性的意见建议。

政府及相关部门既是本级应急预案的重要编制主体，在纵向层级上也是上级应急预案的核心实施主体。下级政府及相关部门在上级政府及相关部门的应急预案修订中应当及时将其在实践中遇到的问题、发现的不足、有效的做法形成规范的意见建议以供参考。此外，在相邻、相近地区政府及相关部门、辖区及行业（领域）内外相关企事业单位和基层组织进行应急预案修订时，政府及相关部门都应从全局出发主动提出意见建议，提升各应急预案的衔接性、整体性和适应性。

政府及相关部门应更加重视发挥社会各圈层、各区域、各主体的多元视角在应急预案修订中的独特作用并及时做出回应。特别是应急预案涉及的公民、企事业单位和基层组织的意见建议，政府及相关部门应结合实际充分研究，明确其现实基础与核心诉求，确保应急预案修订在进一步增强针对性、实用性和可操作性的同时，符合各方期待、明确各方职责、促进各方互动。

相较于应急预案编制阶段更为突出"自上而下"的规划和编制过程，本条提供了"自下而上"和"水平方向"两种更为平等、直接地推动应急预案修订的互动路径，实际上对应急预案编制主体的回应性提出了更高要求。

二、基层组织

基层组织编制的应急预案最接近人民群众的日常生产生活，需要在体现快速、灵活的先期处置特点的同时与上级应急预案协调衔接，做到承上启下。在关口前移的要求下，基层组织在应急预案修订中掌握"一手资料"的优势更加明显。

依照本条要求，基层组织在应急预案修订的意见建议反馈中一方面需要利用自身在预警信息传播、先期处置和自救互救、信息采集报告、处置力量、现场管控、人员疏散与安置等方面扎实的实践基础为上级政府及相关部门、乡镇（街道）内企事业单位的应急预案修订提供宝贵的经验，使其足够"接地气"；另一方面，基层组织也需要发挥自身贴近群众、贴近实际的优势，广泛吸收辖区内各主体，尤其是辖区内居民对应急预案修订的意见建议，基于现实情况及时研究并做出回应，使基层组织的应急预案根植于当地治理场域中，能够在突发事件应对中切实发挥作用。

三、企事业单位

企事业单位在应急预案修订的意见建议反馈中更需要关注自身行业（领域）的特殊性要求，与所在地政府及相关部门和基层组织应急预案的普适性规范相协调、匹配。特别是企事业单位存在可能影响周边正常生产生活秩序的安全风险的情况下，应着重加强同相关治理主体的沟通，建议其在应急预案修订中加以考虑。如中国煤炭地质总局水文局勘察院在邯郸市重污染天气应急预案修订中，作为技术协作单位就对相关工作重点和所需资料提出了积极建议，这是企事业单位参与其他主体应急预案修订的有效案例。

企事业单位在进行自身应急预案修订时除需符合所在地基层组织应急预案要求外，也应重点征求内部员工和行业（领域）内先进单位的意见建议。譬如煤矿企业应格外重视一线矿工对应急预案修订的意见建议，主动学习标杆企业的应急预案修订经验，确保生产安全。

四、其他特殊类型的主体

其他特殊类型的主体在应急预案修订中，应针对各方意见建议，做到及时研究和反馈。其他特殊类型的主体所制定的应急预案一般具有专业性、时效性、实用性的特征，往往涉及众多相关主体，对预案进行修订既需要符合相关标准，也需要结合实际情况。如北京冬奥会期间，《北京2022年冬奥会和冬残奥会防疫手册》（简称《手册》）修订发布综合征求了国际奥委会和国际残奥委会、北京冬奥组委、中国政府有关部门和有关专家的意见建议，《手册》既符合我国当时的各项疫情防控要求，又满足奥运会顺利举办的必要条件。

◆ 实践难点与适用指引

一、现存问题分析

第一，相关主体在应急预案修订中参与意识不强，应急预案的综合协调原则有待进一步落实。一方面，目前政府及相关部门在不涉及自身职责情况的下，对其他相关主体的应急预案修订中主动提出意见建议的事例相对较少；另一方面，意见建议的提出主体以大型企事业单位和相关部门为主，社会组织、公民等主体参与度相对较低。

第二，应急预案编制主体在应急预案修订中支持鼓励社会各主体参与应急预案修订过程的力度仍需增强，吸纳社会各主体意见建议的渠道仍需拓展，甄别分析各类修订意见的能力仍需提高。例如，天津市应急管理局在《天津市突发地质灾害应急预案（征求意见稿）》和《天津市森林火灾应急预案（征求意见稿）》公开征求意见中均未收到反馈意见，这与管理办法要求有明显差距。尽管各省级应急管理部门均在官方网站设置了政民互动板块，但以应急预案修订为主题的意见建议反馈渠道大多不够明显。

第三，应急预案编制主体在收到意见建议后，其回应方式和作用体现仍需以制度化的方式得以明确规定。相关意见建议的甄别、研究、反馈、公开等具体环节仍需体现在应急预案管理过程中。

二、实施及优化建议

第一，进一步加强修订意见的征求途径和方式。政府及相关部门可以牵头整合辖区内外、行业（领域）内外或相邻相近的政府及相关部门、企事业单位及基层组织的应急预案修订征求意见的通知，在官方平台设置定期更新的固定板块，提升各主体参与应急预案修订的便捷度。基层组织可通过组织联席会议、茶话会、研讨会等方式向辖区内人民群众说明突发事件应对的人员安排、物资储备、基础设施等情况，听取意见建议。企事业单位可以尝试在官方网站发布应急预案修订征求意见的相关通知，广泛吸纳社会各界的意见建议。

第二，公开征集应急预案修订的意见建议时应当"主动出击"。可以通过在辖区内重要公共场所或交通要道开展线下意见建议征集活动、发动基层党组织实地走访征集群众意见等方式，深入了解群众对应急预案修订的真实想法。同时，各主体在应急预案修订征求意见中应充分结合本行政区域实际情况，将应急预案的现有内容与修订安排以通俗易懂的方式进行宣传讲解，降低普通群众的参与门槛、提高普通群众的理解程度。

第三，积极探索意见征集新方式。利用诸如微信公众号、微博、短视频等新媒体平台，主动扩大应急预案修订社会影响力。在现有反馈渠道的基础上尝试在线问卷、电话、实地走访等意见建议收集方式，降低参与的成本与门槛。必要时可以对优秀的意见建议进行宣传和奖励。

第四，政府及相关部门在征集到意见建议后应当依据修订目标进行分类、整理和筛选，必要时可组织修订负责人和相关专家进行打分、论证和讨论。在确定具有建设性意义的意见建议后，应及时对应急预案征求意见稿的相关条款进行适当修订和更新，必要时可联系意见建议提出者进行深入沟通。最后，应当在官方网站、微信公众号等平台对征求意见建议的采纳情况进行公示和总结。

第七章 保障措施

第三十八条【人员经费保障】 各级人民政府及其有关部门、各有关单位要指定专门机构和人员负责相关具体工作，将应急预案规划、编制、审批、发布、备案、培训、宣传、演练、评估、修订等所需经费纳入预算统筹安排。

◆ 条文主旨

本条是关于应急预案管理机构、人员和经费保障的规定。

◆ 理解与适用

应急预案管理是各级人民政府及其有关部门、各有关单位日常应急管理的重要工作内容，开展应急预案管理工作应当以必要的组织机构、人员、经费等作为保障。相较于2013版《办法》，此次修订在经费保障对象中加入了备案环节。加强应急预案备案管理是应急管理部门履行指导应急预案体系建设、强化各级各类应急预案综合协调衔接职责的重要手段，对于规范各级各类应急预案管理、提高应急预案质量、完善应急管理工作机制具有重要意义。此次修

第七章 保障措施

订针对当前各部门、各单位对备案环节重视不够、投入不高的短板，强调了应急预案备案也应当有一定的经费保障。

本条规定为应急预案管理工作的顺利有效开展打下了坚实的组织和经济基础，主要包括两方面内容：

一是各级政府及其有关部门、各有关单位应当指定负责应急预案管理工作的专门机构，或指定负责应急预案管理工作的专门人员。国家层面，应急管理部以救援协调和预案管理局统筹应急预案体系建设。地方层面，以北京市为例，北京市应急管理局以救援协调与预案管理处负责应急预案管理相关工作，北京市卫生健康委以卫生应急办公室（突发公共卫生事件应急指挥中心）负责卫生应急预案体系管理，北京市公安局则以指挥部（区域警务合作办公室）和网络安全保卫总队（情报信息中心、北京市网络与信息安全信息通报中心）等内设机构负责相应突发事件专项预案的综合管理。

二是各级政府及其有关部门、各有关单位应当以纳入预算统筹安排的形式，为应急预案管理的各项具体工作提供经费支持。在预算和决算编制中既要清晰体现应急预案管理相关经费的统筹安排情况，不能与其他科目混同，又要覆盖应急预案管理各个环节并突出重点。依据应急管理部2021年度部门预算及2020年度部门决算的对应解释，与应急预案管理相关的开展法律法规制定修订，应急预案演练、协调保障等经费被纳入灾害防治及应急管理支出（类）应急管理事务（款）应急管理（项）中。北京市应急管理局在2022年度预算报表中将北京市应急预案、救援协调和应急演练培训经费和北京市应急预案评估方法研究服务预算，在功能分类项目上归于应急管理，在经济分类科目中归为委托业务费。

◆ 实践难点与适用指引

一、现存问题分析

第一，部分地区和相关部门仍未明确负责应急预案管理的专门机构。如《某省突发事件总体应急预案（试行）》将某省住房和城乡建设厅作为供水突发事故、燃气事故和供热事故应急预案制定的牵头单位，但目前尚未明确具有相应权责的内设机构。

第二，以应急预案为中心的经费统筹安排理念在预算和决算编制中不够明显。部分地区应急管理部门的预算编制中并未具体说明应急预案管理相关经费的统筹安排情况，而是笼统地归于灾害防治及应急管理支出中。

二、实施与优化建议

第一，在各地政府修订发布突发事件总体应急预案后，涉及各领域、各方面专项应急预案编制的牵头单位，应结合单位现有组织架构和权责配置，及时确定负责应急预案管理的专门机构，并在官方网站上进行发布或更新。

第二，政府及相关部门在编制预算和决算时可借鉴应急管理部的做法，在名词解释部分详细阐述各科目、各款项对应的工作内容，既能体现对《办法》要求的落实，也能提升预算编制的质量。

第三十九条【指导监督】 国务院有关部门应加强对本部门（行业、领域）应急预案管理工作的指导和监督，并根据需要编写应急预案编制指南。县级以上地方人民政府及其有关部门应对

第七章 保障措施

> 本行政区域、本部门（行业、领域）应急预案管理工作加强指导和监督。

◆ **条文主旨**

本条是关于应急预案管理工作指导和监督的规定。

◆ **核心概念**

指导和监督：指上级有关部门依照法律法规规定，对下级政府及其部门应急预案管理工作实施的依法规范、引导推进、沟通交流、督促检查等相关活动。

◆ **理解与适用**

相较于 2013 版《办法》，此次修订增加了国务院有关部门对本部门（行业、领域）应急预案管理工作的指导和监督，强化了对应急预案管理工作的重视。本条规定了国务院有关部门、县级以上地方人民政府及其有关部门作为责任主体，应当加强对应急预案管理工作的指导和监督，明确政府及有关部门应当起到督促应急预案管理工作落实并发挥实效的作用；同时指出国务院有关部门应当根据需要编写应急预案编制指南。

第一，政府及其有关部门对应急预案管理工作的指导主要体现在编制、评估、修订、演练、宣传、培训等环节中。根据相关法律法规和《办法》的规定，结合自身在应急预案管理中的丰富经验，政府及相关部门应在观念引领和实践路径两个方面对其他主体的应急预案管理工作提供指导。一方面，政府及其有关部门在指导其他主体应急预案管理工作中要强调遵守相关法律法规规定、贯彻《办法》要求、体现应急管理工作规律，使其他主体在应急预案管

《突发事件应急预案管理办法》解读

理中具备合理合法、积极主动、全面细致的正确观念。另一方面，政府及其有关部门的指导要有助于其他主体的应急预案管理工作落到实处，提供配套的管理技术、管理方法和管理经验，规范其他主体应急预案管理的各个环节，提高其管理能力。

第二，监督功能体现在政府及其有关部门对其他主体应急预案管理工作的内容、程序和效果的持续关注中，需要覆盖应急预案管理的各个环节和各个阶段。内容方面的监督体现在对其他主体的应急预案、管理办法、实施办法（细则）、通知公告等规范性文件进行审核，确保其符合上位法律法规的要求。程序方面的监督体现在应急预案的编制和修订中计划、审批、备案、公布等环节的实施步骤和演练、培训等活动的开展频次是否符合相关法律法规的规定。对效果的监督一方面需要结合其他主体在宣传、演练和培训中的实际表现开展，保证相关活动的开展能够暴露问题、推动整改、促进提升；另一方面则要根据其在实际突发事件应对中的表现而定。

此外，政府及其有关部门的指导和监督应符合各类应急预案具体内容及编制主体的实际情况，着力提高指导和监督的针对性。

编制指南主要对应急预案在编制中应具备的程序要件和内容要件进行规范，不仅要规范应急预案管理的各个环节，也要规范包括编制依据、术语与定义等内容。2004年，国务院办公厅发布了《省（区、市）人民政府突发公共事件总体应急预案框架指南》，为随后各省级突发事件总体应急预案的出台提供了系统参照。标准方面，国家标准化委员会先后发布了《生产经营单位生产安全事故应急预案编制导则》（GB/T 29639）、《企业产品质量安全事件应急预案编制指南》（GB/T 35245）、《特种设备事故应急预案编制导则》（GB/T 33942）等具有指南性质的规范性文件。其他国务院有关部门亦有出台具有指南性质文件的尝试，如生态环境部印发的《城市大气重污染应急预案编制指南》、中国城镇供水排水协会印发的《城市供水突发事件应急预案编制指南》，等等。编制指南需要体现与时俱进、结合实际、问题导向的特色，为应急预案编制提供源源不断的动力。

◆ 实践难点与适用指引

一、现存问题分析

第一，政府及其有关部门指导和监督其他主体应急预案管理的能力有待提升。常态化的应急预案管理指导与监督是应对非常态化重大突发事件的关键举措。政府及其有关部门更重视对下级政府及其有关部门的指导和监督，往往忽略了其他重要的应急预案编制和管理主体。

第二，应急预案编制指南的管理不够规范。目前各专项应急预案编制指南在制定主体、发布渠道、更新管理等方面未做到协调统一，"条块"间并未实现有机结合，"部门主义"的特征较为明显，影响了编制指南效力和影响力的发挥。

二、实施与优化建议

第一，政府及其有关部门应继续加大对其他主体应急预案管理的指导和监督力度。可从应急预案全领域、全过程、全生命周期的角度开展相关工作。此外，政府及其有关部门应更重视辖区、行业（领域）内的大型企事业单位和重要基层组织的应急预案编制和管理情况。在具体执行中，政府及其有关部门可采用专人或专门团队对接一定数量主体的方式，建立长效指导和监督机制，也可尝试将相关专家和从业者纳入指导和监督团队中。

第二，在编制指南管理中可以加强应急管理部门的指导作用。在编制指南的编写中可采取"业务部门（专项预案归口部门）+协调部门（应急管理部门）"合作的模式，实现普遍性和特殊性的有机结合。同时，针对归口部门委托第三方编写编制指南的情况，应进一步明确指南编写的主体类型及编写权限。编制指南的发布可采取由应急管理部门在官方网站设立专栏集中发布和归口部门同步发布相结合的方式，降低各主体获取编制指南的信息与时间成本。在更新管理方面，应急管理部门应作为核心协调主体及时将新思想、新要求和新标准通知到各归口部门，并协调其进行编制指南修订更新工作。

第八章 附 则

第四十条【预案管理实施办法】 国务院有关部门、地方各级人民政府及其有关部门、大型企业集团等可根据实际情况，制定相关应急预案管理实施办法。

◆ 条文主旨

本条是关于制定应急预案管理实施办法的规定。

◆ 理解与适用

本条与2013版《办法》的规定基本相同，要求国务院有关部门、地方各级人民政府及其有关部门、大型企业集团等可结合上位法律法规及管理办法要求和本地区、行业（领域）实际情况制定实施办法，以增强应急预案管理的科学性、针对性、时效性和可操作性。

从2015年发布的《部分省级生产安全事故应急预案管理办法和实施细则等文件汇编》中可以看到，北京、天津、上海、重庆、河南、辽宁、黑龙江、湖北、广东等8个省（市）就安全生产事故应急预案管理办法制定了实施细则。上述省（市）的实施细则大体上都体现了编制、评估、备案、发布、实施、检查、奖惩等应急预案管理环节并提供了符合当地实际的辅助条款、流程图表和文件示例。2017年，广东省安全生产监督管理局在国家安全生产监督管理总局发布新版《生产安全事故应急预案管理办法》后修订更新了安全生产应急预案管理实施条例，体现了实施条例修订的动态性和时效性。

本条指出相关主体在制定应急预案管理实施办法（细则）时要"根据实际情况"。这里的"实际情况"首先要符合当地应急管理工作的重点与难点，其次要符合当地应急管理体制机制现状，最后要体现当地经济社会发展对应急预案管理工作的要求。同时，应急预案管理实施办法（细则）必须突出实用性和可操作性，能够为预案管理各环节的开展和优化提供有效的方式方法。因此，国务院有关部门、地方各级人民政府及其有关部门、大型企业集团等主体应当在充分了解本次修订新要求、新思想的基础上开展本地、本行业（领域）实施办法（细则）制定或修改工作。

◆ **实践难点与适用指引**

一、现存问题分析

第一，企事业单位应急预案管理相对薄弱。应急预案管理实施办法（细则）以政府为主要制定主体，企事业单位还未充分认识到制定实施办法（细则）的重要性，主动制定实施办法（细则）的案例较少，尤其没有形成统筹规划各下属主体制定实施办法（细则）的意识。

第二，地方层面预案管理实施办法脱离地区实际。目前面向现实情景的应急预案管理实施办法（细则）制定进展较为缓慢，很

第八章 附　　则

多地区制定实施办法时仍采用照抄照搬、简单修改等方式，导致实施办法脱离本地区本行业实际情况。

二、实施与优化建议

第一，伴随我国突发事件风险日益复杂多样，制定实施办法（细则）的重要性日益凸显。省级政府及其有关部门应尽早根据《办法》的新要求制定或修订实施办法（细则），市级及以下的政府及相关部门首先应评估是否有必要制定实施办法（细则），并在此基础上开展相关工作。企事业单位，特别是大型企业应具有判断自身是否需要制定实施办法（细则）的意识和能力。意识的形成需要定期深入了解相关法律法规的要求，紧跟应急管理工作动态。能力的具备除结合内部的组织架构、管理基础和实际需求外，也可以尝试借助专家的意见建议或借鉴同类主体的成熟经验。

第二，各级政府及其有关部门在制定或修订实施办法（细则）时可尝试采取专家论证、群众座谈、实地走访、公开征求意见等方式提高文本质量，使其贴近当地实际情况，适应国家应急管理工作的发展要求。企事业单位应承担起统筹各下属主体集体参与实施办法（细则）制定的责任，在实施办法（细则）中综合考虑实际情况与普遍原则，提高实施办法（细则）的科学性和有效性。

第四十一条【其他规定】 法律、法规、规章另有规定的从其规定，确需保密的应急预案按有关规定执行。

◆ **条文主旨**

本条是关于法律、法规、规章对应急预案管理有其他规定的执行及保密应急预案管理的规定。

◆ 理解与适用

本条包括两个层面的内容：一是对于《办法》未作规定或未明确完整规定的情况，应当按照其他法律、法规、规章的规定执行；法律、法规、规章和《办法》均有规定，但规定的内容不同时，应当按照其他法律、法规、规章的规定执行。二是对于保密性应急预案，应当按照特殊规定或保密规定执行。

第四十二条【解释权限】 本办法由国务院应急管理部门负责解释。

◆ 条文主旨

本条是关于《办法》解释权限的规定。

◆ 理解与适用

相较于2013版《办法》，此次修订将解释权限的归属由国务院办公厅改为国务院应急管理部门。当前，国务院应急管理部门为应急管理部。"组织编制国家应急总体预案和规划，指导各地区各部门应对突发事件工作，推动应急预案体系建设和预案演练"是应急管理部的主要职责之一，由应急管理部解释《办法》，对指导预案管理工作来说更具有针对性。

本条所规定的"负责解释"，指在下列情形中，国务院应急管理部门可以对《办法》进行解释：①《办法》的规定存在歧义或者理解上有难度，需要进一步明确具体含义的；②《办法》实施过程中出现新的情况，需要明确适用依据的。

第八章 附 则

第四十三条【施行日期】 本办法自印发之日起施行。

◆ **条文主旨**

本条是关于《办法》施行日期的规定。

◆ **理解与适用**

2024年1月31日，国务院办公厅印发修订后的《办法》，根据本条规定，该日期也是《办法》的施行日期。2013年10月25日经国务院同意、由国务院办公厅印发的《办法》同时废止。

目前，新版《办法》已经生效，各层级各部门负责应急预案管理的人员应当深入学习领会《办法》修订中体现出的新思路、新要求和新方法，结合实际情况认真贯彻落实，着力弥补工作的中短板与不足，全面提升应急预案管理能力。

在此，对新版《办法》的内容调整归纳总结如下，供参考：

一是理清了国务院、县级以上地方人民政府、突发事件应急有关部门、县级以上人民政府应急管理部门的职责任务，提出推动应急预案数据共享共用、注重运用信息化数字化智能化技术的新要求。

二是进一步优化应急预案体系构成及其分类，分别明确了不同层级、不同种类应急预案的编制要点及具体要求，对巨灾应急预案、联合应急预案作出专门规定，将应急工作手册、行动方案纳入应急预案体系进行管理。

三是对各级各部门应急预案编制计划、报批流程、编制工作组织形式等做出了具体要求，明确了各级各类应急预案编制责任单位，并在风险评估和资源调查的基础上，将案例分析增补为编制应急预案的基础工作之一。

《突发事件应急预案管理办法》解读

四是明确各级各类应急预案审批程序,对报批材料、审核内容进行了优化完善,在流程设计中增加了应急管理部门衔接协调环节,细化了应急预案备案要求,明确了应急预案的发布范围和时间要求。

五是明确了应急预案编制单位应当建立应急预案评估制度和应急预案演练制度,细化了相关工作要求,并对评估周期和方式、演练周期和形式做出了明确规定,鼓励第三方专业机构开展应急预案演练评估和应急预案评估。

附　录

附录一

《突发事件应急预案管理办法》2013 年版与 2024 年版对照表

（黑体字为修改的内容）

2013 年版	2024 年版
第一章　总　则	第一章　总　则
第一条　为规范突发事件应急预案（以下简称应急预案）管理，增强应急预案的针对性、实用性和可操作性，依据《中华人民共和国突发事件应对法》等法律、行政法规，制订本办法。	第一条　为**加强突发事件应急预案（以下简称应急预案）体系建设**，规范应急预案管理，增强应急预案的针对性、实用性和可操作性，依据《中华人民共和国突发事件应对法》等法律、行政法规，制定本办法。
第二条　本办法所称应急预案，是指各级人民政府及其部门、基层组织、企事业单位、社会团体等为依法、迅速、科学、有序应对突发事件，最大程度减少突发事件及其造成的损害而预先制定的工作方案。	第二条　本办法所称应急预案，是指各级人民政府及其部门、基层组织、企事业单位和**社会组织**等为依法、迅速、科学、有序应对突发事件，最大程度减少突发事件及其造成的损害而预先制定的**方案**。

《突发事件应急预案管理办法》解读

（续）

2013年版	2024年版
第三条　应急预案的规划、编制、审批、发布、备案、演练、修订、培训、宣传教育等工作，适用本办法。	第三条　应急预案的规划、编制、审批、发布、备案、培训、**宣传**、演练、**评估**、修订等工作，适用本办法。
第四条　应急预案管理遵循统一规划、分类指导、分级负责、动态管理的原则。	第四条　应急预案管理遵循统一规划、**综合协调**、分类指导、分级负责、动态管理的原则。
第五条　应急预案编制要依据有关法律、行政法规和制度，紧密结合实际，合理确定内容，切实提高针对性、实用性和可操作性。	删除
新增	第五条　国务院统一领导全国应急预案体系建设和管理工作，县级以上地方人民政府负责领导本行政区域内应急预案体系建设和管理工作。 突发事件应对有关部门在各自职责范围内，负责本部门（行业、领域）应急预案管理工作；县级以上人民政府应急管理部门负责指导应急预案管理工作，综合协调应急预案衔接工作。
新增	第六条　国务院应急管理部门统筹协调各地区各部门应急预案数据库管理，推动实现应急预案数据共享共用。各地区各部门负责本行政区域、本部门（行业、领域）应急预案数据管理。 县级以上人民政府及其有关部门要注重运用信息化数字化智能化技术，推进应急预案管理理念、模式、手段、方法等创新，充分发挥应急预案牵引应急准备、指导处置救援的作用。

（续）

2013 年版	2024 年版
第二章 分类和内容	第二章 分类与内容
第六条 应急预案按照制定主体划分，分为政府及其部门应急预案、单位和基层组织应急预案两大类。	第七条 按照制定主体划分，应急预案分为政府及其部门应急预案、单位和基层组织应急预案两大类。 政府及其部门应急预案包括总体应急预案、专项应急预案、部门应急预案等。 单位和基层组织应急预案包括企事业单位、村民委员会、居民委员会、社会组织等编制的应急预案。
第七条 政府及其部门应急预案由各级人民政府及其部门制定，包括总体应急预案、专项应急预案、部门应急预案等。 总体应急预案是应急预案体系的总纲，是政府组织应对突发事件的总体制度安排，由县级以上各级人民政府制定。 专项应急预案是政府为应对某一类型或某几种类型突发事件，或者针对重要目标物保护、重大活动保障、应急资源保障等重要专项工作而预先制定的涉及多个部门职责的工作方案，由有关部门牵头制订，报本级人民政府批准后印发实施。 部门应急预案是政府有关部门根据总体应急预案、专项应急预案和部门职责，为应对本部门（行业、领域）突发事件，或者针对重要目标物保护、重大活动保障、应急资源保障等涉及部门工作而预先制定的工作方案，由各级政府有关部门制定。 鼓励相邻、相近的地方人民政府及其有关部门联合制定应对区域性、流域性突发事件的联合应急预案。	第八条 总体应急预案是人民政府组织应对突发事件的总体制度安排。 总体应急预案围绕突发事件事前、事中、事后全过程，主要明确应对工作的总体要求、事件分类分级、预案体系构成、组织指挥体系与职责，以及风险防控、监测预警、处置救援、应急保障、恢复重建、预案管理等内容。 第九条 专项应急预案是人民政府为应对某一类型或某几种类型突发事件，或者针对重要目标保护、重大活动保障、应急保障等重要专项工作而预先制定的涉及多个部门职责的方案。 部门应急预案是人民政府有关部门根据总体应急预案、专项应急预案和部门职责，为应对本部门（行业、领域）突发事件，或者针对重要目标保护、重大活动保障、应急保障等涉及部门工作而预先制定的方案。

《突发事件应急预案管理办法》解读

（续）

2013年版	2024年版
第八条　总体应急预案主要规定突发事件应对的基本原则、组织体系、运行机制，以及应急保障的总体安排等，明确相关各方的职责和任务。 　　针对突发事件应对的专项和部门应急预案，不同层级的预案内容各有所侧重。国家层面专项和部门应急预案侧重明确突发事件的应对原则、组织指挥机制、预警分级和事件分级标准、信息报告要求、分级响应及响应行动、应急保障措施等，重点规范国家层面应对行动，同时体现政策性和指导性；省级专项和部门应急预案侧重明确突发事件的组织指挥机制、信息报告要求、分级响应及响应行动、队伍物资保障及调动程序、市县级政府职责等，重点规范省级层面应对行动，同时体现指导性；市县级专项和部门应急预案侧重明确突发事件的组织指挥机制、风险评估、监测预警、信息报告、应急处置措施、队伍物资保障及调动程序等内容，重点规范市（地）级和县级层面应对行动，体现应急处置的主体职能；乡镇街道专项和部门应急预案侧重明确突发事件的预警信息传播、组织先期处置和自救互救、信息收集报告、人员临时安置等内容，重点规范乡镇层面应对行动，体现先期处置特点。 　　针对重要基础设施、生命线工程等重要目标物保护的专项和部门应急预案，侧重明确风险隐患及防范措施、监测预警、信息报告、应急处置和紧急恢复等内容。 　　针对重大活动保障制定的专项和部门应急预案，侧重明确活动安全风险隐患及防范措施、监测预警、信息报告、应急处置、人员疏散撤离组织和路线等内容。	第十条　针对突发事件应对的专项和部门应急预案，**主要规定县级以上人民政府或有关部门相关突发事件应对工作的组织指挥体系和专项工作安排，不同层级预案内容各有侧重，涉及相邻或相关地方人民政府、部门、单位任务的应当沟通一致后明确。** 　　国家层面专项和部门应急预案侧重明确突发事件的应对原则、组织指挥机制、预警分级和事件分级标准、**响应分级**、信息报告要求、应急保障措施等，重点规范国家层面应对行动，同时体现政策性和指导性。 　　省级专项和部门应急预案侧重明确突发事件的组织指挥机制、**监测预警**、分级响应及响应行动、**队伍物资保障**及市县级人民政府职责等，重点规范省级层面应对行动，同时体现指导性和**实用性**。 　　市县级专项和部门应急预案侧重明确突发事件的组织指挥机制、**风险管控**、监测预警、信息报告、**组织自救互救**、应急处置措施、**现场管控、队伍物资保障**等内容，重点规范市（地）级和县级层面应对行动，**落实相关任务，细化工作流程，体现应急处置的主体职责和针对性、可操作性。** 第十一条　**为突发事件应对工作提供通信、交通运输、医学救援、物资装备、能源、资金以及新闻宣传、秩序维护、慈善捐赠、灾害救助等保障功能的专项和部门应急预案侧重明确组织指挥机制、主要任务、资源布局、资源调用或应急响应程序、具体措施等内容。** 　　针对重要基础设施、生命线工程等重要目标保护的专项和部门应急预案，侧重

附　录

（续）

2013年版	2024年版
针对为突发事件应对工作提供队伍、物资、装备、资金等资源保障的专项和部门应急预案，侧重明确组织指挥机制、资源布局、不同种类和级别突发事件发生后的资源调用程序等内容。 联合应急预案侧重明确相邻、相近地方人民政府及其部门间信息通报、处置措施衔接、应急资源共享等应急联动机制。	明确关键功能和部位、风险隐患及防范措施、监测预警、信息报告、应急处置和紧急恢复、应急联动等内容。
	第十二条　重大活动主办或承办机构应当结合实际情况组织编制重大活动保障应急预案，侧重明确组织指挥体系、主要任务、安全风险及防范措施、应急联动、监测预警、信息报告、应急处置、人员疏散撤离组织和路线等内容。
	第十三条　相邻或相关地方人民政府及其有关部门可以联合制定应对区域性、流域性突发事件的联合应急预案，侧重明确地方人民政府及其部门间信息通报、组织指挥体系对接、处置措施衔接、应急资源保障等内容。
	第十四条　国家有关部门和超大特大城市人民政府可以结合行业（地区）风险评估实际，制定巨灾应急预案，统筹本部门（行业、领域）、本地区巨灾应对工作。
	第十五条　乡镇（街道）应急预案重点规范乡镇（街道）层面应对行动，侧重明确突发事件的预警信息传播、任务分工、处置措施、信息收集报告、现场管理、人员疏散与安置等内容。 村（社区）应急预案侧重明确风险点位、应急响应责任人、预警信息传播与响应、人员转移避险、应急处置措施、应急资源调用等内容。 乡镇（街道）、村（社区）应急预案的形式、要素和内容等，可结合实际灵活确定，力求简明实用，突出人员转移避险，体现先期处置特点。

《突发事件应急预案管理办法》解读

（续）

2013年版	2024年版
第九条　单位和基层组织应急预案由机关、企业、事业单位、社会团体和居委会、村委会等法人和基层组织制定，侧重明确应急响应责任人、风险隐患监测、信息报告、预警响应、应急处置、人员疏散撤离组织和路线、可调用或可请求援助的应急资源情况及如何实施等，体现自救互救、信息报告和先期处置特点。 　　大型企业集团可根据相关标准规范和实际工作需要，参照国际惯例，建立本集团应急预案体系。	第十六条　单位应急预案侧重明确应急响应责任人、风险隐患监测、主要任务、信息报告、**预警和应急响应**、**应急处置措施**、人员疏散转移、**应急资源调用**等内容。 　　大型企业集团可根据相关标准规范和实际工作需要，**建立本集团应急预案体系**。 　　**安全风险单一、危险性小的生产经营单位，可结合实际简化应急预案要素和内容。**
第十条　政府及其部门、有关单位和基层组织可根据应急预案，并针对突发事件现场处置工作灵活制定现场工作方案，侧重明确现场组织指挥机制、应急队伍分工、不同情况下的应对措施、应急装备保障和自我保障等内容。	删除
第十一条　政府及其部门、有关单位和基层组织可结合本地区、本部门和本单位具体情况，编制应急预案操作手册，内容一般包括风险隐患分析、处置工作程序、响应措施、应急队伍和装备物资情况，以及相关单位联络人员和电话等。	第十七条　应急预案涉及的有关部门、单位等可以结合实际编制应急工作手册，内容一般包括应急响应措施、处置工作程序、应急救援队伍、**物资装备**、联络人员和电话等。 　　**应急救援队伍、保障力量等应当结合实际情况，针对需要参与突发事件应对的具体任务编制行动方案，侧重明确应急响应、指挥协同、力量编成、行动设想、综合保障、其他有关措施等具体内容。**
第十二条　对预案应急响应是否分级、如何分级、如何界定分级响应措施等，由预案制定单位根据本地区、本部门和本单位的实际情况确定。	删除

附　录

（续）

2013年版	2024年版
第三章　预案编制	第三章　规划与编制
第十三条　各级人民政府应当针对本行政区域多发易发突发事件、主要风险等，制定本级政府及其部门应急预案编制规划，并根据实际情况变化适时修订完善。 　　单位和基层组织可根据应对突发事件需要，制定本单位、本基层组织应急预案编制计划。	第十八条　国务院应急管理部门会同有关部门编制应急预案制修订工作计划，报国务院批准后实施。县级以上地方人民政府应急管理部门应当会同有关部门，针对本行政区域多发易发突发事件、主要风险等，编制**本行政区域应急预案制修订工作计划**，报本级人民政府批准后实施，并抄送上一级人民政府应急管理部门。 　　县级以上人民政府有关部门可以结合实际制定本部门（行业、领域）应急预案编制计划，并抄送同级应急管理部门。县级以上地方人民政府有关部门应急预案编制计划同时抄送上一级相应部门。 　　应急预案编制计划应当根据国民经济和社会发展规划、突发事件应对工作实际，适时予以调整。
新增	第十九条　县级以上人民政府总体应急预案由本级人民政府应急管理部门组织编制，专项应急预案由本级人民政府相关类别突发事件应对牵头部门组织编制。县级以上人民政府部门应急预案，乡级人民政府、单位和基层组织等应急预案由有关制定单位组织编制。
第十四条　应急预案编制部门和单位应组成预案编制工作小组，吸收预案涉及主要部门和单位业务相关人员、有关专家及有现场处置经验的人员参加。编制工作小组组长由应急预案编制部门或单位有关负责人担任。	第二十条　应急预案编制部门和单位**根据需要**组成应急预案编制工作小组，吸收**有关部门**和单位人员、有关专家及有**应急处置工作经验**的人员参加。编制工作小组组长由应急预案编制部门或单位有关负责人担任。

《突发事件应急预案管理办法》解读

（续）

2013年版	2024年版
第十五条　编制应急预案应当在开展风险评估和应急资源调查的基础上进行。 （一）风险评估。针对突发事件特点，识别事件的危害因素，分析事件可能产生的直接后果以及次生、衍生后果，评估各种后果的危害程度，提出控制风险、治理隐患的措施。 （二）应急资源调查。全面调查本地区、本单位第一时间可调用的应急队伍、装备、物资、场所等应急资源状况和合作区域内可请求援助的应急资源状况，必要时对本地居民应急资源情况进行调查，为制定应急响应措施提供依据。	第二十一条　编制应急预案应当**依据有关法律、法规、规章和标准，紧密结合实际，在开展风险评估、资源调查、案例分析的基础上进行。** 风险评估主要是识别**突发事件风险及**其可能产生的后果和次生（衍生）灾害事件，评估可能造成的危害程度和影响范围等。 **资源调查**主要是全面调查本地区、本单位应对突发事件可用的应急救援队伍、物资装备、场所和通过改造可以利用的**应急资源状况**，合作区域内可以请求援助的应急资源状况，重要基础设施容灾保障及备用状况，以及可以通过潜力转换提供应急资源的状况，为制定应急响应措施提供依据。必要时，也可根据突发事件应对需要，对本地区**相关单位和居民所掌握的**应急资源情况进行调查。 **案例分析主要是对典型突发事件的发生演化规律、造成的后果和处置救援等情况进行复盘研究，必要时构建突发事件情景，总结经验教训，明确应对流程、职责任务和应对措施，为制定应急预案提供参考借鉴。**
第十六条　政府及其部门应急预案编制过程中应当广泛听取有关部门、单位和专家的意见，与相关的预案作好衔接。涉及其他单位职责的，应当书面征求相关单位意见。必要时，向社会公开征求意见。 单位和基层组织应急预案编制过程中，应根据法律、行政法规要求或实际需要，征求相关公民、法人或其他组织的意见。	第二十二条　政府及其有关部门在应急预案编制过程中，应当广泛**听取意见，组织专家论证，做好与相关应急预案及国防动员实施预案的衔接。**涉及其他单位职责的，应当书面征求意见。必要时，向社会公开征求意见。 单位和基层组织在应急预案编制过程中，应根据**法律法规**要求或实际需要，征求相关公民、法人或其他组织的意见。

（续）

2013 年版	2024 年版
第四章　审批、备案和公布	第四章　审批、发布、备案
第十七条　预案编制工作小组或牵头单位应当将预案送审稿及各有关单位复函和意见采纳情况说明、编制工作说明等有关材料报送应急预案审批单位。因保密等原因需要发布应急预案简本的，应当将应急预案简本一起报送审批。	第二十三条　应急预案编制工作小组或牵头单位应当将应急预案送审稿、**征求意见情况**、**编制说明**等有关材料报送应急预案审批单位。因保密等原因需要发布应急预案简本的，应当将应急预案简本一并报送审批。
第十八条　应急预案审核内容主要包括预案是否符合有关法律、行政法规，是否与有关应急预案进行了衔接，各方面意见是否一致，主体内容是否完备，责任分工是否合理明确，应急响应级别设计是否合理，应对措施是否具体简明、管用可行等。必要时，应急预案审批单位可组织有关专家对应急预案进行评审。	第二十四条　应急预案审核内容主要包括： （一）预案是否符合有关法律、法规、规章和标准等规定； （二）**预案是否符合上位预案要求并与有关预案有效衔接**； （三）**框架结构是否清晰合理**，主体内容是否完备； （四）**组织指挥体系**与责任分工是否合理明确，应急响应级别设计是否合理，应对措施是否具体简明、管用可行； （五）**各方面意见是否一致**； （六）其他需要审核的内容。
第十九条　国家总体应急预案报国务院审批，以国务院名义印发；专项应急预案报国务院审批，以国务院办公厅名义印发；部门应急预案由部门有关会议审议决定，以部门名义印发，必要时，可以由国务院办公厅转发。 地方各级人民政府总体应急预案应当经本级人民政府常务会议审议，以本级人民政府名义印发；专项应急预案应当经本级人民政府审批，必要时经本级人民政府常务会议或专题会议审议，以本级人民政府办公厅（室）名义印发；部门应急预案	第二十五条　国家总体应急预案**按程序报党中央**、国务院审批，**以党中央、国务院名义**印发。专项应急预案**由预案编制牵头部门送应急管理部衔接协调后**，报国务院审批，以国务院办公厅**或者有关应急指挥机构**名义印发。部门应急预案由**部门会议**审议决定、以部门名义印发，**涉及其他部门职责的可与有关部门联合印发**；必要时，可以由国务院办公厅转发。 地方各级人民政府总体应急预案**按程序报本级党委和政府审批，以本级党委和政府名义印发**。专项应急预案**按程序送本**

169

《突发事件应急预案管理办法》解读

（续）

2013年版	2024年版
应当经部门有关会议审议，以部门名义印发，必要时，可以由本级人民政府办公厅（室）转发。 单位和基层组织应急预案须经本单位或基层组织主要负责人或分管负责人签发，审批方式根据实际情况确定。	级应急管理部门衔接协调，报本级人民政府审批，以本级人民政府办公厅（室）或者有关应急指挥机构名义印发。部门应急预案审批印发程序按照本级人民政府和上级有关部门的应急预案管理规定执行。 重大活动保障应急预案、巨灾应急预案由本级人民政府或其部门审批，跨行政区域联合应急预案审批由相关人民政府或其授权的部门协商确定，并参照专项应急预案或部门应急预案管理。 单位和基层组织应急预案须经本单位或基层组织主要负责人签发，以本单位或基层组织名义印发，审批方式根据所在地人民政府及有关行业管理部门规定和实际情况确定。
第二十条　应急预案审批单位应当在应急预案印发后的20个工作日内依照下列规定向有关单位备案： （一）地方人民政府总体应急预案报送上一级人民政府备案。 （二）地方人民政府专项应急预案抄送上一级人民政府有关主管部门备案。 （三）部门应急预案报本级人民政府备案。 （四）涉及需要与所在地政府联合应急处置的中央单位应急预案，应当向所在地县级人民政府备案。 法律、行政法规另有规定的从其规定。	第二十六条　应急预案审批单位应当在应急预案印发后的20个工作日内，将应急预案**正式印发文本（含电子文本）及编制说明**，依照下列规定向有关单位**备案并抄送有关部门**： （一）**县级以上**地方人民政府总体应急预案报上一级人民政府备案，**径送上一级人民政府应急管理部门，同时抄送上一级人民政府有关部门**； （二）**县级以上**地方人民政府专项应急预案报上一级人民政府**相应牵头部门**备案，**同时抄送上一级人民政府应急管理部门和有关部门**； （三）部门应急预案报本级人民政府备案，**径送本级应急管理部门，同时抄送本级有关部门**； （四）**联合应急预案按所涉及区域，依据专项应急预案或部门应急预案有关规定备案，同时抄送本地区上一级或共同上一级人民政府应急管理部门和有关部门**；

（续）

2013 年版	2024 年版
	（五）涉及需要与所在地人民政府联合应急处置的中央单位应急预案，应当报所在地县级人民政府备案，同时抄送本级应急管理部门和突发事件应对牵头部门； （六）乡镇（街道）应急预案报上一级人民政府备案，径送上一级人民政府应急管理部门，同时抄送上一级人民政府有关部门。村（社区）应急预案报乡镇（街道）备案； （七）中央企业集团总体应急预案报应急管理部备案，抄送企业主管机构、行业主管部门、监管部门；有关专项应急预案向国家突发事件应对牵头部门备案，抄送应急管理部、企业主管机构、行业主管部门、监管部门等有关单位。中央企业集团所属单位、权属企业的总体应急预案按管理权限报所在地人民政府应急管理部门备案，抄送企业主管机构、行业主管部门、监管部门；专项应急预案按管理权限报所在地行业监管部门备案，抄送应急管理部门和有关企业主管机构、行业主管部门。
新增	第二十七条　国务院履行应急预案备案管理职责的部门和省级人民政府应当建立应急预案备案管理制度。县级以上地方人民政府有关部门落实有关规定，指导、督促有关单位做好应急预案备案工作。
第二十一条　自然灾害、事故灾难、公共卫生类政府及其部门应急预案，应向社会公布。对确需保密的应急预案，按有关规定执行。	第二十八条　政府及其部门应急预案应当在正式印发后 20 个工作日内向社会公开。单位和基层组织应急预案应当在正式印发后 20 个工作日内向本单位以及可能受影响的其他单位和地区公开。

《突发事件应急预案管理办法》解读

（续）

2013年版	2024年版
第五章　应急演练 第七章　培训和宣传教育	第五章　培训、宣传、演练
新增	第二十九条　应急预案发布后，其编制单位应做好组织实施和解读工作，并跟踪应急预案落实情况，了解有关方面和社会公众的意见建议。
第二十八条　应急预案编制单位应当通过编发培训材料、举办培训班、开展工作研讨等方式，对与应急预案实施密切相关的管理人员和专业救援人员等组织开展应急预案培训。 各级政府及其有关部门应将应急预案培训作为应急管理培训的重要内容，纳入领导干部培训、公务员培训、应急管理干部日常培训内容。	第三十条　应急预案编制单位应当通过编发培训材料、举办培训班、开展工作研讨等方式，对与应急预案实施密切相关的管理人员、专业救援人员等**进行培训**。 各级**人民**政府及其有关部门应将应急预案培训作为**有关业务培训**的重要内容，纳入**领导干部、公务员**等日常培训内容。
第二十九条　对需要公众广泛参与的非涉密的应急预案，编制单位应当充分利用互联网、广播、电视、报刊等多种媒体广泛宣传，制作通俗易懂、好记管用的宣传普及材料，向公众免费发放。	第三十一条　对需要公众广泛参与的非涉密的应急预案，编制单位应当充分利用互联网、广播、电视、报刊等多种媒体广泛宣传，制作通俗易懂、好记管用的宣传普及材料，向公众免费发放。
第二十二条　应急预案编制单位应当建立应急演练制度，根据实际情况采取实战演练、桌面推演等方式，组织开展人员广泛参与、处置联动性强、形式多样、节约高效的应急演练。 专项应急预案、部门应急预案至少每3年进行一次应急演练。 地震、台风、洪涝、滑坡、山洪泥石流等自然灾害易发区域所在地政府，重要基础设施和城市供水、供电、供气、供热等生命线工程经营管理单位，矿山、建筑	第三十二条　应急预案编制单位应当建立应急预案演练制度，**通过采取形式多样的方式方法，对应急预案所涉及的单位、人员、装备、设施等组织演练。通过演练发现问题、解决问题，进一步修改完善应急预案。** 专项应急预案、部门应急预案**每3年至少进行一次演练。** 地震、台风、**风暴潮、**洪涝、**山洪、**滑坡、**泥石流、森林草原火灾**等自然灾害易发区域所在地**人民**政府，重要基础设施

172

（续）

2013 年版	2024 年版
施工单位和易燃易爆物品、危险化学品、放射性物品等危险物品生产、经营、储运、使用单位，公共交通工具、公共场所和医院、学校等人员密集场所的经营单位或者管理单位等，应当有针对性地经常组织开展应急演练。	和城市供水、供电、供气、供油、供热等生命线工程经营管理单位，矿山、**金属冶炼**、建筑施工单位和易燃易爆物品、**化学品**、放射性物品等危险物品生产、经营、**使用、储存、运输、废弃处置**单位，公共交通工具、公共场所和医院、学校等人员密集场所的经营单位或者管理单位等，应当有针对性地组织开展应急**预案**演练。
第二十三条 应急演练组织单位应当组织演练评估。评估的主要内容包括：演练的执行情况，预案的合理性与可操作性，指挥协调和应急联动情况，应急人员的处置情况，演练所用设备装备的适用性，对完善预案、应急准备、应急机制、应急措施等方面的意见和建议等。 鼓励委托第三方进行演练评估。	第三十三条 应急预案演练组织单位应当加强演练评估，**主要内容包括**：演练的执行情况，应急预案的**实用性**和可操作性，指挥协调和应急联动机制**运行情况**，应急人员的处置情况，演练所用设备装备的适用性，对完善**应急预案、应急准备、应急机制、应急措施**等方面的意见和建议等。 **各地区各有关部门加强对本行政区域、本部门（行业、领域）应急预案演练的评估指导。根据需要，应急管理部门会同有关部门组织对下级人民政府及其有关部门组织的应急预案演练情况进行评估指导。** 鼓励委托第三方**专业机构**进行**应急预案**演练评估。
第六章 评估和修订	第六章 评估和修订
第二十四条 应急预案编制单位应当建立定期评估制度，分析评价预案内容的针对性、实用性和可操作性，实现应急预案的动态优化和科学规范管理。	第三十四条 应急预案编制单位应当建立**应急预案定期评估制度**，分析应急预案内容的针对性、实用性和可操作性等，实现**应急预案**的动态优化和科学规范管理。 **县级以上地方人民政府及其有关部门应急预案原则上每 3 年评估一次。应急预案的评估工作，可以委托第三方专业机构组织实施。**

《突发事件应急预案管理办法》解读

（续）

2013年版	2024年版
第二十五条　有下列情形之一的，应当及时修订应急预案： 　　（一）有关法律、行政法规、规章、标准、上位预案中的有关规定发生变化的； 　　（二）应急指挥机构及其职责发生重大调整的； 　　（三）面临的风险发生重大变化的； 　　（四）重要应急资源发生重大变化的； 　　（五）预案中的其他重要信息发生变化的； 　　（六）在突发事件实际应对和应急演练中发现问题需要作出重大调整的； 　　（七）应急预案制定单位认为应当修订的其他情况。	第三十五条　有下列情形之一的，应当及时修订应急预案： 　　（一）有关法律、**法规**、规章、标准、上位预案中的有关规定发生**重大变化**的； 　　（二）应急指挥机构及其职责发生重大调整的； 　　（三）面临的风险发生重大变化的； 　　（四）重要应急资源发生重大变化的； 　　（五）在突发事件实际应对和应急演练中发现问题需要作出重大调整的； 　　（六）应急预案制定单位认为应当修订的其他情况。
第二十六条　应急预案修订涉及组织指挥体系与职责、应急处置程序、主要处置措施、突发事件分级标准等重要内容的，修订工作应参照本办法规定的预案编制、审批、备案、公布程序组织进行。仅涉及其他内容的，修订程序可根据情况适当简化。	第三十六条　应急预案修订涉及组织指挥体系与职责、应急处置程序、主要处置措施、突发事件分级标准等重要内容的，修订工作应参照本办法规定的应急预案编制、审批、备案、**发布**程序组织进行。仅涉及其他内容的，修订程序可根据情况适当简化。
第二十七条　各级政府及其部门、企事业单位、社会团体、公民等，可以向有关预案编制单位提出修订建议。	第三十七条　各级**人民政府**及其部门、企事业单位、社会组织、公民等，可以向有关应急预案编制单位提出修订建议。
第八章　组织保障	第七章　组织保障
第三十一条　各级政府及其有关部门、各有关单位要指定专门机构和人员负责相关具体工作，将应急预案规划、编制、审批、发布、演练、修订、培训、宣传教育等工作所需经费纳入预算统筹安排。	第三十八条　各级人民政府及其有关部门、各有关单位要指定专门机构和人员负责相关具体工作，将应急预案规划、编制、审批、发布、**备案**、培训、**宣传**、演练、评估、修订等所需经费纳入预算统筹安排。

174

（续）

2013 年版	2024 年版
第三十条　各级政府及其有关部门应对本行政区域、本行业（领域）应急预案管理工作加强指导和监督。国务院有关部门可根据需要编写应急预案编制指南，指导本行业（领域）应急预案编制工作。	第三十九条　国务院有关部门应加强对本部门（行业、领域）应急预案管理工作的指导和监督，并根据需要编写应急预案编制指南。县级以上地方人民政府及其有关部门应对本行政区域、本部门（行业、领域）应急预案管理工作加强指导和监督。
第九章　附　　则	第八章　附　　则
第三十二条　国务院有关部门、地方各级人民政府及其有关部门、大型企业集团等可根据实际情况，制定相关实施办法。	第四十条　国务院有关部门、地方各级人民政府及其有关部门、大型企业集团等可根据实际情况，制定相关**应急预案管理**实施办法。
对应 2013 年版第二十一条	第四十一条　法律、法规、规章另有规定的从其规定，确需保密的应急预案按有关规定执行。
第三十三条　本办法由国务院办公厅负责解释。	第四十二条　本办法由**国务院应急管理部门**负责解释。
第三十四条　本办法自印发之日起施行。	第四十三条　本办法自印发之日起施行。

附录二

《突发事件应急预案管理办法》修订说明

根据《深化党和国家机构改革方案》《国务院机构改革方案》，结合国家应急管理体制机制改革实际，我部深入总结近年来应急预案管理工作经验，对《突发事件应急预案管理办法》（以下简称《办法》）进行修订，形成了修订征求意见稿。现将有关情况说明如下。

一、《办法》修订的必要性

《办法》实施以来，我国应急预案编制、审批、备案、演练、评估、修订等工作不断加强、规范性不断提升，在推动建立健全应急预案体系方面发挥了重要作用。应急管理部组建以来，对全国应急预案体系建设进行了深入分析，尤其是结合新冠肺炎疫情、河南郑州"7·20"特大暴雨灾害等突发事件应对和《国家突发事件总体应急预案》修订情况，就应急预案管理工作与各地方、各有关部门进行了深入沟通交流，充分听取了有关专家学者的意见建议。从各方面反馈看，应急管理体制改革后，有必要对《办法》进行修订，进一步加强新体制下应急预案管理工作，推动形成与全面建成小康社会相适应的应急预案体系。主要考虑如下：

一是贯彻落实党中央、国务院决策部署的需要。党中央、国务院高度重视应急预案体系建设。习近平总书记在主持中央政治局第十九次集体学习时强调，要加强应急预案管理，健全应急预案体系，落实各环节责任和措施。李克强总理多次作出批示，要求建立应急预案动态管理制度，做足做细做实预案。加强应急预案管理，健全完善应急预案体系，是各地区各部门贯彻落实党中央、国务院决策部署的具体要求,也是提高重大风险防控和突发事件应对能力的职责使命。

二是适应应急管理体制机制改革的需要。根据《深化党和国家机构改革方案》《国务院机构改革方案》部署,我国应急管理体制进行了再塑重造,组建应急管理部,负责"指导应急预案体系建设,组织编制国家总体应急预案,综合协调应急预案衔接工作",2024年新修订《突发事件应对法》颁布实施,也从法律层面固化了改革成效。应急预案管理工作也需适应新形势下新情况、新要求,有必要对相关制度机制进行调整和完善。

三是进一步健全完善应急预案体系建设的需要。目前,我国已形成"横向到边、纵向到底"的应急预案体系,各地区各有关部门按照相关应急预案要求,强化应急准备,及时开展处置,最大程度减轻了人民群众生命财产损失。但从近年来发生的重特大突发事件应对实践看,一定程度上还存在衔接机制不健全、部分应急预案针对性和可操作性不强、动态管理机制不到位等问题,有必要对新体制下应急预案编制、审批、备案、演练等各环节管理措施予以优化调整,进一步提升各级各类应急预案质量。

二、总体思路

《办法》修订工作坚持以习近平新时代中国特色社会主义思想为指导,深入贯彻党中央、国务院关于加强应急预案管理相关决策部署,立足国家应急管理新体制,依法健全完善各项工作措施,推动形成与全面建设社会主义现代化国家相适应的覆盖全面、衔接有序、管理规范、管用实用的应急预案体系。一是坚持依法依规,严格依据有关法律法规,做好与突发事件应对法、国家突发事件总体应急预案修订的衔接;二是坚持务实管用,进一步细化实化加强应

《突发事件应急预案管理办法》解读

急预案管理的具体措施和手段;三是坚持问题导向,着力解决现行应急预案体系建设中的薄弱问题;四是坚持明确任务,理清各级人民政府及其有关部门在应急预案管理方面的工作任务;五是坚持突出基层,深入贯彻落实《中共中央 国务院关于加强基层治理体系和治理能力现代化建设的意见》有关要求,推动提升基层应急预案质量。

三、主要修订内容

现行《办法》共 9 章 34 条。《办法》修订稿对办法架构和条文进行了调整优化,共 8 章 42 条。主要修改内容如下:

(一)关于管理职责。

突出了县级以上人民政府对本行政区域内应急预案管理工作的领导,明确了应急管理部门指导本行政区域内应急预案体系建设、综合协调各类应急预案衔接相关职责,压实了相关部门在本行业(领域)应急预案体系建设和管理方面的责任。

(二)关于预案体系。

按照总体预案、事件预案、保障预案、联合预案、基层预案的逻辑对《办法》相关架构作进一步优化完善,明确将实践中各级各类应急预案涉及单位编制的工作手册、行动预案等作为支撑性文件纳入应急预案体系进行管理,并进一步规范相关概念、编制主体及重点内容。

(三)关于编制准备。

系统总结近年来应急预案编制经验做法,在应急预案编制前开展风险评估和应急资源调查的基础上,增加开展相关案例分析相关要求,结合实战经验做法,推动解决应急预案针对性、操作性和实用性不强等问题。

(四)关于报批流程。

结合国家应急管理体制机制改革实际，对应急预案报批材料、审核内容等进行优化完善，并在流程设计中增加应急管理部门衔接审核、会签环节，推动落实应急管理部门综合协调各类应急预案衔接职责。

（五）关于备案管理。

推动加强各级各类应急预案衔接，明确相关应急预案通过备案、抄送等形式告知应急管理部门。参照法规、规章备案经验做法，结合工作实际，明确应急预案备案材料清单，要求县级以上人民政府履行备案职责的部门建立备案制度，规范备案管理。

（六）关于预案演练。

全面总结应急预案演练经验做法，鼓励应急预案印发前开展研究性或检验性演练，明确应急管理部门可结合实际组织开展应急演练检查评估，要求演练组织单位强化演练成果运用，推动解决演练实战性不够强、演练成效不够高等问题。

（七）关于信息化管理。

适应现代信息技术发展趋势，总结提炼有关地方数字化应急预案推进工作经验，提出建立统一的应急预案数据库，明确了县级以上人民政府相关部门在应急预案数据库建设、数字化应急预案推广应用和应急演练模拟系统开发等方面的职责任务，推动应急预案数字化工作进程。

同时，依据有关规定明确了应急预案公布时限，完善评估修订和监督指导等要求，并对《办法》的解释主体进行了调整，对修订后的《办法》施行时间予以明确。此外，《办法》修订稿还对部分条文文字作了修改。

附录三

应急管理部对新修订《突发事件应急预案管理办法》的解读

2024年1月31日,国务院办公厅印发了新修订的《突发事件应急预案管理办法》(以下简称《办法》)。记者就《办法》采访了应急管理部有关负责人。

一、请介绍《办法》修订背景与重要意义

2013年10月25日,国务院办公厅制定《办法》,在推动建立健全全国突发事件应急预案体系、规范加强应急预案管理方面发挥了重要作用。2018年,党中央对我国应急管理体制进行系统性、整体性重构,原由国务院办公厅承担的"协调指导应急预案体系建设"等应急管理职责划入新组建的应急管理部。2021年,应急管理部会同有关方面启动《办法》修订工作,在深入调研、专家论证、广泛征求各地各有关部门和社会公众意见建议基础上,数易其稿形成了《办法》送审稿,并报国务院同意后以国务院办公厅名义印发实施。《办法》修订出台标志着我国应急预案管理进入新阶段,对推进国家应急管理体系和能力现代化具有重要意义。

(一)《办法》深入贯彻落实习近平总书记关于应急管理的重要论述和党中央、国务院决策部署。党中央、国务院高度重视应急预案体系建设工作。习近平总书记对应急预案工作多次作出重要指示批示,强调要加强应急预案管理,健全应急预案体系,落实各环节责任和措施。《办法》深入贯彻习近平总书记重要指示批示精神和党中央、国务院决策部署,认真落实总体国家安全观,坚持人民

至上、生命至上,适应新时代我国应急管理体制机制改革发展需要,在应急预案体系建设和预案编制、管理、实施等方面提出了一系列创新举措,有利于提高应急预案管理的制度化、规范化、程序化水平,推动新时代应急管理事业发展。

(二)《办法》推动解决应急预案管理工作中存在的突出问题。近年来,我国应急预案管理工作取得了重要成效,对有力有序有效应对各类突发事件发挥了重要作用,但也存在一些突出短板。《办法》深入总结近年来应急预案管理和突发事件应对工作经验,重点针对应急预案规划、编制、审批、发布、备案、演练、评估、修订等方面工作作了优化调整,完善了顶层设计,创新了管理制度,固化了经验做法,从制度层面解决了一些突出问题。

(三)《办法》厘清了新体制下应急管理等相关部门的应急预案管理职责。《办法》明确了应急管理部门负责指导应急预案管理工作、综合协调应急预案衔接工作,有关部门负责本部门(行业、领域)应急预案管理工作,明确了应急管理部门在征求意见、审核审批、备案管理、数据库管理等过程中进行预案衔接性把关的要求,有利于充分发挥应急管理部门的综合优势和各相关部门的专业优势,根据职责分工承担各自责任,确保责任链条无缝对接,形成整体合力。

二、《办法》修订思路是什么?

《办法》修订力求契合我国应急管理体制机制改革实际,研究提出应急预案全流程管理的任务要求,为当前和今后一个时期做好我国应急预案管理工作提供制度依据,重点体现在以下三个方面。

一是突出"全",构建全领域全范围全层级的应急预案体系。《办法》衔接构建大安全大应急框架要求,对应急预案体系分类分

《突发事件应急预案管理办法》解读

级作了调整和细化，明确党委和政府审定印发总体预案，强化与党委工作部门预案有机衔接；充分考虑我国突发事件演化规律新特点，就跨层级、跨地域、流域性等关联预案相互衔接作出专门规定；将工作手册和行动方案等支撑性文件纳入应急预案体系进行统筹管理，推动应急预案体系建设"横向到边、纵向到底"。

二是注重"细"，明确各类应急预案编制管理流程及具体要求。《办法》对应急预案管理全流程各环节工作作出规定，强调应急预案编制前通过制修订计划优化体系架构，编制中通过协调衔接提高应急预案体系的完整性，编制后通过评估修订推动应急预案动态更新，每个环节要求详细明确、操作性强。《办法》明确细化了通信、交通运输、医学救援、新闻宣传、灾害救助等功能保障类应急预案编制要点，对重大活动保障、重要目标保护和基层应急预案及支撑性文件等进行细化规定，有利于增强应急预案的针对性和可操作性。

三是把准"新"，探索了新时代应急预案管理工作的新路径。《办法》适应现代科技快速发展和国家治理需要，在管理理念、管理模式、管理手段方面提出了一系列新的制度措施。理念创新方面，坚持系统思维、底线思维、极限思维和精细化管理、为基层减负理念，突出了对各级各类应急预案全流程管理统筹设计以及预案之间衔接融合，补充了小概率、高风险、超常规极端情形下的巨灾应急预案编制规定，简化了乡村和小微企业应急预案编制要求。模式创新方面，推行基于情景构建编制应急预案的方法，加强编制、实施、评估、改进等全生命周期的质量管控；借鉴法规规章径送司法部门备案的做法，优化创新应急预案备案制度设计。手段创新方面，注重运用信息化数字化智能化技术，强调构建统一的应急预案数据库，破解数据库关联难题，推动海量应急预案数据管理和共享共用。

三、《办法》的框架与主要内容是什么?

修订后的《办法》共8章43条,内容包括:一是总则,明确制定目的、适用范围、工作原则、管理职责以及信息化管理等要求。二是分类与内容,明确应急预案的分类,并针对不同层级、不同种类应急预案,分别明确编制要求。三是规划与编制,明确应急预案编制计划和编制程序。四是审批、发布、备案,明确应急预案审核内容和审批程序,并对应急预案衔接、备案、抄送、公开等作出规定。五是培训、宣传、演练,明确应急预案解读、培训、宣传等规定,并对演练制度、频次、评估指导工作等提出要求。六是评估与修订,明确应急预案定期评估制度以及需要修订的情形和修订程序。七是保障措施,明确应急预案管理人员、经费等保障措施及指导监督要求。八是附则,明确解释主体、生效时间,以及有关法律法规规章适用等规定。

此次修订,《办法》从体例到结构、从机制到方式、从程序到内容,更加贴合国家应急管理体制机制实际,更加符合应急预案管理工作实际。主要体现在以下方面:

一是注重统分结合,厘清预案管理职责。《办法》适应党和国家机构改革后部门职能调整和应急预案管理制度创新,突出统一领导,明确国务院统一领导全国应急预案体系建设和管理工作,县级以上地方人民政府领导本地区应急预案管理职责;强化综合协调,明确应急管理部门牵头抓总预案管理工作的职责;强调分类指导,明确突发事件应对相关部门在各自职责范围内负责本部门(行业、领域)应急预案管理工作。

二是注重系统谋划,优化预案体系构成。《办法》在第二章进一步优化完善了应急预案分类,并针对各级人民政府总体、专项和部门应急预案,功能保障类应急预案、重要目标保护应急预案、重

《突发事件应急预案管理办法》解读

大活动保障应急预案，联合应急预案，乡镇（街道）预案、村（社区）应急预案，大型企业集团应急预案以及工作手册、行动方案等支撑性文件等，分别明确了内容侧重点和编制要求。

三是注重操作实用，细化预案编制要求。《办法》在编制流程中完善了各级各部门编制应急预案制修订计划的相关要求，加强应急管理部门对编制计划的统筹衔接；在编制前准备工作中，明确了开展风险评估、资源调查、案例分析等相关要求，以推动解决部分预案操作性和实用性不强等问题。

四是注重衔接协调，规范审核报批程序。《办法》对应急预案报批材料、审核内容等进行了完善，在流程设计中增加应急管理部门衔接审核把关环节的内容，推动落实应急管理部门综合协调各类应急预案衔接职责，强化各层级、各部门、各地方预案之间的衔接和融合；同时，进一步明确了重大活动保障预案、跨行政区域联合预案等的审批程序。

五是注重依法行政，细化备案管理规定。《办法》推动加强各级各类应急预案的规范印发、备案和公开。明确应急管理部门代本级人民政府受理本级部门应急预案和下一级总体应急预案备案；明确本级政府及其部门应急预案、基层应急预案、企业应急预案等通过备案、抄送等形式告知上级政府、有关部门；参照法规、规章备案经验做法，明确应急预案备案材料清单，要求国务院履行应急预案备案职责的部门和省级人民政府建立备案制度，规范备案管理；同时，对政府及其部门应急预案、单位和基层组织应急预案的公开，提出了明确的时限和范围要求。

六是注重实战导向，规范预案演练制度。《办法》对应急预案的演练策划实施、演练评估指导等方面作出具体明确规定。特别是细化了演练评估的核心内容，明确各地区各有关部门要加强应急预案演练的评估指导，应急管理部门可根据需要会同有关部门对下级人民政府及其有关部门的演练进行评估指导,推动解决演练实战性不够强、演练成效不够高等问题。

七是注重科技赋能,强化预案数据管理。《办法》中根据信息技术快速发展变化和应急预案管理实际工作需要,明确了各地区各部门负责本行政区域、本部门(行业、领域)应急预案数据管理的职责任务,推动实现应急预案数据共享共用。对政府及其有关部门运用现代信息技术推进应急预案管理理念、模式、手段、方法等创新提出要求,助力实现"科学应急、智慧应急"目标。

四、推动《办法》落实的主要措施有哪些?

《办法》的效力在于实施,《办法》要求各地区、各部门、各单位认真做好宣传教育和培训,抓好贯彻执行,推动《办法》落地生根。一是加强《办法》的宣传培训。各地区各有关部门要结合实际,运用多种方法手段,组织开展培训、宣传教育、经验交流等活动,推动应急预案工作相关人员对《办法》应知应会,提升各有关方面的应急预案意识和认知水平。二是开展新一轮的应急预案制修订工作。各级应急管理部门加强统筹协调,各地区各有关部门有计划、分层次、有重点地开展预案制修订工作,鼓励生产经营单位、基层单位等结合实际、创新开展应急预案编修工作。三是建立健全配套的制度机制。重点部门、重点地区、重点行业和大型企业集团要及时修订或制定有关预案管理实施办法,健全配套制度措施,压实责任链条,确保与《办法》紧密衔接、形成合力。四是强化执行效果检查评估。各级应急管理部门要加强对《办法》贯彻落实情况的评估和指导,总结推广成功经验和创新做法,推动提升应急预案体系建设和管理水平。

后　　记

编者多年来一直从事应急管理领域的教学科研工作，深入研究了应急预案及其管理所涉及的多方面问题。编者在清华大学公共管理学院的应急管理基地学习期间，曾跟随闪淳昌教授、薛澜教授参与国家突发公共事件总体应急预案编制等相关课题调研，并发表论文《转危为安：应急预案的作用逻辑》，主要分析了应急预案在以确定性应对不确定性、化突发性危机事件为常规事件、转应急管理为常规管理的内在作用逻辑。此后，编者与研究团队针对应急预案研究发表多篇论文，并参与《中华人民共和国突发事件应对法》《中华人民共和国安全生产法》等法律的起草论证工作。《办法》修订之初，编者及团队受应急管理部救援协调与预案管理局邀请，参与了《办法》修订的专题探讨，在与专家学者和实践工作者交流的过程中，深受启发。

编者及团队长期关注应急预案及其动态管理的相关研究，当前应急预案管理的相关理论研究和实践应用探讨相对匮乏，应急实践的一线工作同志亟需进一步的理论分析和适用指引作为工作开展的参考。编者及团队在受邀参与国家总体应急预案修订专题研讨、突发事件应急预案管理条例起草论证、突发事件应急预案备案管理办法起草论证等相关工作中，深切感受到应急预案体系完善与其动态更新管理，是我国当前亟需深入推进的一项重要工作。

为此，编者及团队从学术研究和实践应用角度，基于开展应急管理部应急预案管理办法课题研究的理论成果、客观认识和实践经

后　记

验，编写了《解读》一书，以期为应急预案管理工作提供参考。

本书编写过程中，闪淳昌教授、薛澜教授、马宝成教授等我国应急预案体系的开创者和推动者给予充分指导并为本书作序，应急管理部救援协调和预案管理局相关领导给予了指导和调研安排，北京航空航天大学公共管理学院胡象明教授、蔡劲松教授、钟爽教授、任丙强教授等老师给予了指导和帮助，博士生徐明婧、刘锴、高叶、徐培洋、袁子凌、刘禹锡等，硕士生任姿竹、滕欢、卜亚宁、周文杉、薛广涵、麦瑞萍等同学参与了资料收集和文字编写工作，在此一并表示衷心感谢！

本书适合负责应急管理及应急预案管理工作的人员学习参考，也可作为应急管理、应急技术与管理等专业学生及研究者了解应急预案和应急预案管理知识的参考书。

编　者

2024 年 7 月于北京